ELSA THIRIOT

Apprendre en s'amusant

6-10 ans

Activités découverte du monde

Initiation ludique à l'histoire et à la géographie

MANGO
éditions

Sommaire

Introduction......4

Jeux d'histoire......8

Archéologue en herbe......10
Une fresque préhistorique......12
Focus Chronologie......14
Architecture grecque......18
Via Romana......22
Peste !......26
Les Lumières... dans votre salon !......28
Focus L'Histoire, ça se vit !......32
Dorer le blason......36
Une chasse à la boussole......40
Musique native......44
Focus La médiathèque du jeune historien......48
Jeu des 7 familles historiques !......50
Jeu de l'Oie de l'histoire de France......54
À la conquête de l'espace !......56

Jeux de géographie......58

Images mentales......60
Focus Géographie concrète......62
Jeux de globe......66
Un globe en papier mâché......68
Les explorateurs......72
Du globe au planisphère......74
Focus Jeux d'images......76
Premières cartes......80
Cartes aux trésors......84
Les continents du monde......88
J'habite......90
Focus Musique et géographie......92
La course du soleil......96
Topographie......98
Le carnet qui voyage......100
Mini-volcans......102
Focus Jeux de cartes......106
Voyage virtuel......110

Introduction

Vous le savez, devenir parent est une véritable métamorphose. Comme la chenille qui, sortant de sa chrysalide, se découvre être tout autre chose, il y a pour nous un « avant » et un « après » de la parentalité. Construire une famille, c'est s'engager, en tant que parent, dans un processus qui demande un investissement de chaque instant. S'il est vrai que chaque famille est différente, on peut tout de même admettre que toutes ont ceci en commun : chacune fait du mieux qu'elle peut avec ce qu'elle est !

À vous, parents qui lisez ce livre

Lorsque votre enfant était un tout petit bébé, c'est tout naturellement que vous vous êtes investi dans ses apprentissages : le toucher, lui parler, lui tendre des hochets... À aucun moment il ne vous serait venu à l'esprit que ce n'était pas là votre rôle, en tant qu'éducateur ! Les choses ont continué assez naturellement à l'entrée de l'école maternelle – même si certains parents ressentent, à ce stade, une espèce de flou quant à leur mission éducative : est-ce à moi de lui apprendre à dire « s'il vous plaît » et « merci », ou est-ce à ses enseignants ? Qui doit lui apprendre à faire ses lacets, et à connaître le nom des couleurs ?

C'est surtout à l'entrée de l'école élémentaire que le clivage s'instaure. Les parents, tenus à l'écart de l'école dans laquelle ils n'ont même plus le droit d'entrer sans rendez-vous, délèguent un peu aveuglément aux enseignants tout ce qui relève des apprentissages, et sont souvent démunis quand il s'agit d'aider leur enfant à la maison. Comment l'encourager dans ses passions en partageant avec lui des expériences et des jeux en rapport avec la matière qu'il aime ? Que faire face à d'éventuelles difficultés scolaires ? Comment réagir lorsque son enfant prend une matière en grippe ?

Comment l'aider à réaliser ses devoirs du soir dans la joie sans y passer trois heures ? En tant qu'enseignante, il m'est rapidement apparu qu'il était contre-productif de « soigner » le dégoût scolaire (ou le simple désintérêt) par un surcroît de leçons magistrales et d'exercices d'application... Après des années de réflexion sur ce sujet, j'ai développé le concept de « co-schooling », qui m'a aidée à me positionner en tant que maman d'enfants scolarisés. C'est la solution : s'amuser avec les savoirs, jouer à les moduler et à les intégrer à notre vie de tous les jours, afin de développer un rapport à la connaissance profond et authentique… et tellement ludique !

Présentation de l'autrice

Enseignante dans le premier degré, ma passion pour la pédagogie et les apprentissages ludiques a pris un nouveau tournant lorsque je suis devenue maman. Depuis sept ans, je tiens un journal de notre « *co-schooling* » dans le blog Merci qui ? Merci Montessori ! consacré aux apprentissages domestiques de mes enfants. Dans cet ouvrage sur l'histoire et la géographie, je souhaite partager avec vous ma passion et vous transmettre tous les outils pratiques pour qu'apprendre devienne, chez vous aussi, une merveilleuse aventure familiale !

Qu'est-ce que le *co-schooling* ?

Le *co-schooling* prend ses racines dans la contradiction suivante : « D'une part, je ne souhaite pas empiéter sur ce que mes enfants étudient en classe, par crainte de dénaturer leur plaisir d'apprendre, de contredire l'enseignant ou tout simplement de les étouffer. Car je sais bien qu'après une journée d'école, ce dont mes enfants ont besoin, c'est surtout de ma disponibilité et de mon attention, pas d'une énième heure de classe. D'autre part, il n'est pas question que, sous prétexte qu'ils sont scolarisés, je renonce au formidable plaisir d'apprendre à et avec mes enfants. D'autant que je sais que ces temps de transmission sont de merveilleux moments partagés – de ceux dont on forge les souvenirs d'enfance ! » Vous êtes le seul au monde à pouvoir donner à vos enfants un parent qui aime apprendre avec eux. Si vous souhaitez que votre enfant en ait le goût et l'envie aussi, il vous suffit d'y prendre vous-même plaisir. Lancez-vous le défi de découvrir quelque chose tous les jours, et échangez avec vos proches sur le résultat de vos lectures, de vos recherches ou sur vos acquis. Amusez-vous, et le reste suivra : vous et votre enfant aurez plaisir à jouer et à partager – à apprendre ! Le *co-schooling*, c'est un engagement réciproque dans lequel l'adulte et l'enfant font ce qu'ils ont à faire : le premier apprend à jouer, le second apprend en jouant.

Le présent ouvrage, progressif et ludique, est issu de ma propre expérience. Il vous permettra, activité après activité, de développer et de partager en famille votre amour pour le savoir… en particulier celui de l'histoire et de la géographie.

Vous y trouverez de nombreuses activités, mais aussi des Focus : ces pages vous livrent mon éclairage de professionnelle de l'enseignement. Vous y découvrirez quelques repères théoriques, ainsi que toutes les petites astuces qui constituent le secret de la réussite !

Ayez toujours en tête qu'apprendre et manipuler ensemble, c'est avant tout une manière simple de partager un moment de complicité. Ne soyez pas étonné que votre enfant en redemande ! Ce livre s'appuie sur les principes pédagogiques suivants :

- Se centrer sur les intérêts de l'enfant. Il s'agit, pour l'adulte, d'être connecté à son instinct : vous avez, en tant que parent, une connaissance intime de votre enfant. Vous savez, pour peu que vous preniez le temps de « brancher vos antennes », ce qui peut lui plaire ou non. Le présent livre vous propose de nombreuses propositions pédagogiques – parmi lesquelles il vous faudra certainement faire un tri. C'est l'enfant lui-même qui est votre guide, votre boussole.

- Permettre à l'enfant de voir le monde pour ce qu'il est : la plus grande et la plus belle salle de classe imaginable, qui propose une myriade « d'ateliers ». L'important est que votre enfant « vive le monde », et qu'il développe une conception de l'apprentissage qui dépasse celle qui se construit trop souvent à l'école. Non, on n'arrête pas d'apprendre lorsque sonne la cloche. Au contraire !

- Développer la soif de savoir. S'initier et s'instruire ainsi, « dans le monde », développe une pertinence, une connexion intime avec ce qu'on assimile. On peut sans doute décrocher d'un parcours scolaire ; on ne peut décrocher de la vie. Être vivant, c'est construire des outils et des compétences pour réfléchir, créer et produire dans notre siècle ; être vivant, c'est s'adapter, c'est apprendre. Les savoirs ne sont pas figés. Dès lors que ceci est admis, la question de la motivation ne se pose plus… L'enfant en redemande, car vivre et apprendre sont synonymes !

Comment fonctionne ce livre ?

Deux grands domaines vous sont proposés : l'histoire et la géographie. Vous trouverez également différents pictogrammes qui vous indiqueront l'âge conseillé pour l'activité. Il ne s'agit que d'une indication, et votre accompagnement peut parfois permettre de faire une activité qui serait un peu plus difficile (vous pouvez, par exemple, prendre en charge une partie de l'activité). Le coût de l'activité et le temps qu'elle prendra, préparation comprise, sont également précisés.

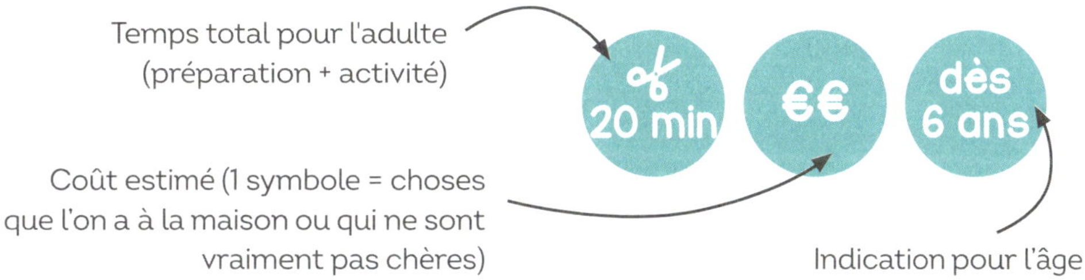

Jeux d'histoire

On étudie l'Histoire pour connaître le passé, mais aussi pour analyser le présent. L'objectif de ce livre n'est pas de faire mémoriser à votre enfant une kyrielle de dates vides de sens, mais d'éveiller sa curiosité à travers le jeu. Grâce à la narration – car l'Histoire, c'est avant tout de passionnantes aventures à raconter ! – et au jeu (déguisements, mises en scène...), l'enfant met en œuvre naturellement un travail d'interprétation et de mise en relation digne des plus grands historiens !

Archéologue en herbe

Être historien, c'est collecter des traces du passé. Mais celui-ci est parfois si lointain que ce qu'il en reste est bien caché. Réussir à débusquer des objets, c'est le travail de l'archéologue, qui, à bien des égards, ressemble à celui du détective : il met au jour des villes disparues et reconstitue, à partir de ce qu'il trouve, le mode de vie des hommes de jadis...

matériel

Pot de fleurs en terre. 8 bâtons fins ou petits tuteurs. 4 kg de sable fin. 400 g de fécule de maïs. Marqueur noir. Un marteau, ficelle, bac en plastique (type bac à enduit, en vente en magasin de bricolage), bassine. Pinceau large, grosse cuillère. Papier, crayon, règle graduée, post-it®, glu®. Appareil photo.

1 Préparez l'activité avec votre enfant : décorez ensemble un pot de fleurs en terre cuite en y dessinant quelques symboles à l'aide d'un marqueur noir. Pour plus de réalisme, vous pouvez vous inspirer de l'écriture hiéroglyphique égyptienne, ou des caractères chinois antiques. Expliquez-lui que vous allez imaginer que ce pot est un pot très ancien, qu'utilisait un homme du passé. Mettez-le en scène à travers une petite histoire : un jour, l'homme a malencontreusement brisé ce pot. Joignez le geste à la parole en cassant le pot de terre à l'aide d'un marteau : vous devriez obtenir des morceaux assez gros, aux bords nets.

2 Poursuivez l'histoire : une fois le pot cassé, il n'était plus d'aucune utilité à son propriétaire, qui a donc jeté les morceaux derrière sa maison. Le temps a passé, la pluie et le vent ont recouvert petit à petit les débris de terre, la végétation y a poussé. Plusieurs siècles plus tard, un jeune archéologue (du nom de votre enfant !) pressent qu'il y a là une intéressante découverte à faire et décide de fouiller le terrain.

3 L'étape suivante se déroule hors de vue de votre enfant. Mélangez le sable à la fécule de maïs et ajoutez de l'eau pour bien humidifier la texture. L'ajout de fécule permet d'obtenir un sable qui se moule facilement. Versez la mixture dans un bac en plastique assez large et cachez-y les débris de poterie en les répartissant bien dans l'espace.

4 Présentez ce bac à votre enfant et expliquez-lui que les archéologues, avant de fouiller le sol, balisent soigneusement le terrain. Faites de même en tendant quatre ficelles, reliées à des bâtons, au-dessus de votre « site ».

60 min | €€ | dès 7 ans

❺ Sur une feuille de papier, réalisez un quadrillage de trois cases sur trois, et nommez chacun des neuf carrés obtenus, de A1 à C3. Expliquez à votre enfant que lorsqu'il trouvera un élément dans le bac, il devra reporter, sur ce schéma, l'emplacement où il l'a trouvé, en marquant la case correspondante d'une croix.

❻ Au travail ! Fournissez des outils dignes d'un grand archéologue : un pinceau large à poils durs et une grosse cuillère. Encouragez votre enfant à procéder méthodiquement en dégageant chaque carré – prévoyez une bassine, pour qu'il puisse y transvaser le contenu du bac. À chaque fois qu'il trouve une pièce, il marque son emplacement sur son plan. Les débris sont soigneusement alignés, avec tout le respect dû aux objets anciens, et étiquetés à l'aide d'un post-it, avec la référence de la case où il a été découvert (A3, B2, etc.).

❼ Lorsque tous les morceaux ont été retrouvés, photographiez-les, avant de passer à la reconstitution. Votre enfant parviendra-t-il à réparer le pot ? Fournissez-lui de la glu, et prêtez-lui main-forte si besoin.

Variante

Vous pouvez aussi enfermer de petits objets (grosses perles, vieilles pièces de monnaie...) dans des blocs de plâtre pour créer des pseudo-fossiles : il suffit de couler du plâtre dans de petits récipients de récupération (pots d'entremets, par exemple), d'y cacher un objet, puis de démouler le bloc. Votre enfant brise ces « cailloux » à l'aide d'un burin et d'un marteau et découvre le petit trésor qu'il contient.

Une fresque préhistorique

La Préhistoire désigne traditionnellement la période comprise entre l'apparition de l'humanité (-2,8 millions d'années) et celle des premiers documents écrits (-3500 avant notre ère). Elle se découpe en deux parties : le Paléolithique (âge de la pierre taillée) et le Néolithique (âge de la pierre polie). En réalisant votre fresque avec votre enfant, explorez l'art pariétal et recréez un décor digne des grottes de Lascaux dans votre maison !

matériel

Reproductions de peintures rupestres. Papier d'emballage brun de récupération. Flacon vaporisateur. Pastels secs et gouache aux couleurs terreuses : noir, brun, ocre. Pinceaux. Lampe de poche.

1. L'idéal est de lier cette activité à une visite de terrain préalable. Les grottes préhistoriques de France sont recensées sur Internet, il y en a certainement près de chez vous ou ce peut être l'occasion d'une visite aux prochaines vacances !

2. Observez des reproductions de peintures rupestres avec votre enfant, et décrivez-les : quels étaient les sujets de prédilection de nos ancêtres ? Remarquez que la végétation et les décors sont absents de ces compositions, qui mettent les animaux, souvent représentés de profil, à l'honneur.

3. Fournissez à votre enfant une belle longueur de papier brun. Il peut travailler à plat, ou pour plus de réalisme, fixer le papier sous une table : il dessinera sur le dos, couché au sol, les bras levés ! Nos ancêtres choisissaient souvent des endroits assez inaccessibles pour leurs réalisations et devaient souvent peindre dans des postures très inconfortables...

4. Encouragez votre enfant à réaliser, à sa manière, les motifs chers aux hommes préhistoriques : mammouths, cerfs, chevaux... Une fois les dessins réalisés, il est possible de les peindre à la gouache (bien à plat, cette fois !).

Astuce

Amusez-vous à concocter des « peintures » en écrasant les baies de votre jardin dans un peu d'eau. Elles ne tiendront peut-être pas toutes dans le temps, mais permettent souvent d'obtenir des couleurs intéressantes et authentiques !

✂ 60 min | €€ | dès 7 ans

❺ Faites signer le jeune artiste d'une empreinte de sa main : positive ou négative, à lui de voir ! Pour une main négative, remplissez le vaporisateur de gouache marron bien diluée et montrez à votre enfant comment vaporiser abondamment la matière autour de sa main posée, bien ouverte, sur le papier. La main positive se réalise quant à elle très simplement en peignant sa paume et en l'appliquant ensuite sur la feuille.

❻ Accrochez l'œuvre monumentale dans votre salon pour une exposition temporaire. Fermez les volets, éteignez les lumières, et invitez solennellement les autres membres de la famille à venir admirer votre grotte... à la lueur d'une lampe torche !

Prolongement

– Lancez ce défi à votre enfant : saura-t-il réaliser des outils (hache, lance, etc.) en utilisant exclusivement du carton et de la ficelle ? Colle et adhésif interdits !
– Réalisez des pétroglyphes, images gravées dans la roche. Choisissez une grosse pierre calcaire friable, que l'enfant grave avec la pointe d'un trombone déplié. Il applique ensuite une couche de pastel sec pour faire ressortir le motif.

focus Chronologie

Parmi d'autres (nombreuses) qualités, l'historien doit développer son habileté à situer les phénomènes par rapport à ceux qui les ont précédés et suivis. Mettre les éléments du passé en relation les uns avec les autres suppose certes de connaître notre système de datation, mais aussi de maîtriser des notions temporelles, telles que succession, synchronisme, antériorité ou postériorité. La construction d'une frise historique par l'enfant est un excellent exercice pour construire ces concepts complexes.

En réalisant les activités de ce livre, votre enfant va découvrir des personnages et des évènements de notre histoire : pourquoi ne pas lui proposer de les consigner sur une frise en les ordonnant ? Celle-ci lui permettra d'échafauder de précieuses compétences !

Premières chronologies (6-9 ans)

matériel

Papier à dessin (type Canson®). Aquarelle, pinceaux, feutre noir. Colle. Diverses images de monuments, personnages, œuvres d'art... que connaît votre enfant. Facultatif : imprimante et accès Internet.

L'histoire de l'humanité est découpée traditionnellement par les historiens en cinq grandes périodes : la Préhistoire, l'Antiquité, le Moyen Âge, les Temps modernes et l'époque contemporaine. Consacrez une feuille à dessin à chacune de ces périodes. Demandez à votre enfant de choisir une couleur pour chacune – vous pouvez aussi reprendre un code couleurs existant dans un livre d'histoire auquel vous vous référez souvent. À l'aquarelle, il peint ensuite chaque feuille d'une couleur distincte, pour créer un fond léger (par exemple, la Préhistoire en bleu, l'Antiquité en rouge, etc.). À défaut d'aquarelle, vous pouvez utiliser directement des feuilles de papier pastel.

Chaque feuille est étiquetée : écrivez le nom de la période sur une bande de papier que votre enfant colle en bas de sa feuille. Si vous avez une imprimante, essayez de trouver sur Internet une petite icône qui symbolise chaque période. Par exemple, une pierre taillée pour la Préhistoire, une colonne grecque pour l'Antiquité, une tour fortifiée pour le Moyen Âge, une caravelle pour les Temps modernes, un microscope pour l'époque contemporaine. Privilégiez les dessins en noir et blanc (des coloriages imprimés en petit, par exemple), afin de ne pas surcharger votre page.

Sur chacune de ces feuilles, votre enfant colle les images de son choix, selon les objets ou les personnages découverts à l'école, lors de ses lectures... ou des activités du présent livre ! Vous pouvez y ajouter de brèves légendes.

Ne vous préoccupez pas de l'ordre chronologique au sein de chaque période. Chaque image est collée librement sur la feuille, sans ordre déterminé, au fur et à mesure des découvertes de votre enfant. Il s'agit ici de construire la succession des périodes de l'histoire, leur nom et leurs caractéristiques.

focus

La notion de durée (Au delà de 9 ans)

La principale difficulté, lorsqu'on veut construire une frise chronologique proportionnelle, est de représenter la Préhistoire. Ainsi, si un siècle est représenté par 1,4 cm sur votre bande, il vous faudra 420 m de papier pour visualiser concrètement la longueur du Paléolithique... et plusieurs kilomètres pour remonter jusqu'aux dinosaures !

Pour amener votre enfant à se représenter les choses concrètement, réalisez une frise chronologique... sur votre trottoir ! Choisissez un jour de beau soleil et emmenez vos trottinettes : vous risquez de parcourir quelques kilomètres tout au long de l'exercice !

Commencez par mesurer la longueur de votre rue avec votre enfant, et placez-y des repères à la craie : voilà une excellente activité mathématique ! Divisez cette distance en 2 800 000 années (vie de l'humanité depuis son origine) : si votre rue mesure 1 000 m, par exemple, 10000 ans seront représentés par 3,5 m. Positionnez les repères suivants : apparition des hominidés (à l'entrée de la rue), début du Néolithique (-6000), début de l'âge des métaux (-2000), de l'Antiquité (-100), du Moyen Âge (476), des Temps modernes (1492) et de l'époque contemporaine (1789).

Amusez-vous à parcourir le fil de l'histoire, en courant, en roulant, en reculant... Que dire de la longueur des périodes représentées ?

Prolongement

Après cette activité, votre enfant est prêt à réaliser une frise historique classique. L'idéal est en fait de réaliser plusieurs chronologies : une frise globale, de 20 cm de largeur, qui représente un siècle à chaque 1,4 cm. On la complète par des frises « gros plans » de 60 cm de largeur, qui zooment sur une période : par exemple, elles peuvent représenter un siècle par segments de 40 cm. L'enfant y colle les faits et les personnages représentatifs de la période, en respectant scrupuleusement la datation. Essayez de varier les domaines représentés : images de la vie quotidienne, de personnages historiques, mais aussi d'artistes, d'inventeurs...

Architecture grecque

L'architecture grecque a fortement influencé l'art occidental jusqu'à nos jours, et c'est la porte d'entrée que l'activité suivante choisit pour aborder la richesse de cette civilisation qu'est la Grèce antique. Bien sûr, la séance d'aujourd'hui ne suffit pas pour pénétrer l'esprit grec ! La religion, avec l'écoute des grands récits mythologiques, et les sciences, avec la rencontre de grands hommes tels que Pythagore, Archimède, Aristote ou Hippocrate, ne sauraient être passées sous silence !

matériel

Une vingtaine de gobelets en carton, deux ou trois plateaux en métal ou plaques de four. Photographies de monuments religieux de la Grèce antique. Quelques livres assez lourds. Appareil photo. Balance de cuisine.

1. Observez avec votre enfant une photographie du Parthénon d'Athènes et/ou d'autres temples religieux. Attirez l'attention de votre enfant sur le plan généralement rectangulaire, et sur la délimitation toujours marquée entre le dedans et le dehors du territoire sacré. Une série de marches en fait le tour et donne accès à une colonnade appelée péristyle. Décrivez les entablements qui surmontent les colonnes et supportent deux frontons triangulaires et la toiture.

2. Constatez que les colonnes grecques sont plus épaisses à la base qu'au sommet, donnant ainsi l'impression d'être taillées d'un bloc – il n'en est rien, les morceaux sont reliés entre eux par des rivets internes invisibles. C'est cette forme particulière, légèrement conique, qui donne une silhouette élancée à l'édifice. Mais la raison de ce choix n'est pas seulement esthétique : les efforts s'exerçant sur les éléments de structure sont énormes au vu des masses de pierre utilisées. Comment, d'ailleurs, ces graciles colonnes peuvent-elles soutenir des linteaux aussi épais, sur lesquels s'appuyaient de surcroît, à l'origine, une charpente de bois et quelques tonnes de tuiles ?

30 min

€

dès 7 ans

❸ Donnez à votre enfant une série de gobelets en carton : leur forme évasée ne rappelle-t-elle pas celle des colonnes grecques ? Posez sur la table quelques plateaux en métal et lancez un défi à votre enfant : peut-il construire son propre bâtiment à deux étages en utilisant ces matériaux et en s'inspirant du principe des colonnes et des linteaux ? Peut-il le construire de manière à ce qu'il supporte le plus de poids possible ?

❹ Le jeu consiste donc à faire tenir un plateau sur un ensemble de gobelets retournés. Comment disposer les gobelets pour assurer l'équilibre ? Quel poids l'édifice construit est-il capable de supporter ? Proposez à votre enfant de tester la force de son bâtiment en empilant des livres dessus. Ça tient ? Et si votre enfant grimpe dessus ? Ça tient toujours ? Combien d'enfants pourront-ils ainsi monter sur le plateau sans écraser l'édifice ? Est-il possible de construire un édifice de même solidité avec moins de gobelets en les disposant autrement ?

❺ Une fois l'excitation de la construction retombée, demandez à votre enfant de réfléchir à la force insoupçonnée détenue par ces petits gobelets... Quel poids un gobelet seul peut-il supporter ? Que se passe-t-il si on monte dessus ? Testez divers objets autour de vous, et pesez ceux que le gobelet supporte sans s'abîmer. Quel est le poids maximal supporté ?

❻ Combien de gobelets comportaient l'édifice de votre enfant ? Si votre enfant a utilisé 15 gobelets, multipliez le poids maximal supporté par un gobelet par 15. Par exemple, si un gobelet supporte 200 g, 15 gobelets devraient supporter 200 g x 15, c'est-à-dire 3 kg. Or, votre enfant a fait la preuve qu'ils en ont supporté 10 fois plus ! Aidez-le à formuler la conclusion : lorsqu'on appuie un linteau sur plusieurs colonnes, il peut supporter plus de poids que n'importe laquelle des colonnes qui le soutiennent prises individuellement... ou même prises toutes ensemble !

Variante

Ce genre de défi gagne à être mené en équipe. Enrôlez toute la famille pour construire ensemble ! Et si vous êtes vraiment très nombreux, formez deux équipes qui travaillent au coude à coude, chacune sur son projet.

Via Romana

L'Empire romain, à son apogée aux Ier et IIe siècles, s'est agrandi au point d'englober l'Europe de l'Ouest, le nord de l'Afrique et une partie du Moyen-Orient. Proposez à votre enfant de construire une reproduction de voie romaine pour le sensibiliser à leur importance dans le contrôle de Rome sur son vaste territoire : c'est en effet grâce à son réseau routier que l'Empire est régi par une administration efficace, qu'il déploie sa puissance militaire et multiplie les échanges commerciaux !

matériel

Couvercle de boîte à chaussures, gros pot de colle blanche vinylique, pinceau. Sable, gravier d'aquarium, plâtre de Paris. Une dizaine de petits cailloux (2 cm de long environ) lisses et plats, récoltés en promenade.

1. Partez de cette question : « Comment voyageait-on du temps de l'Empire romain ? » Aidez votre enfant à chercher des éléments de réponse dans les livres documentaires que vous avez sous la main, à croiser les informations qu'il y trouve, et à formuler la réponse : à l'époque romaine, les gens voyageaient à cheval, ou dans des charrettes tirées par des bœufs ou encore à pied. Observez les images représentant des scènes de voyage, et expliquez à votre enfant que les routes romaines sont les premières voies aisément praticables ayant été construites sur notre territoire. Elles étaient si solides que certaines d'entre elles sont encore visibles aujourd'hui, deux millénaires après leur construction !

2. Comment ces routes révolutionnaires étaient-elles construites ? Proposez à votre enfant de fabriquer sa propre voie romaine en miniature ! Les Romains commençaient par creuser le sol, qu'ils nivelaient soigneusement et tassaient. Présentez à votre enfant un couvercle de boîte à chaussures : « Imaginons que l'intérieur du couvercle représente un fossé dans le sol. Ses bords sont rectilignes, le fond est dense. C'est dans ce trou que nous allons construire les fondations de notre route. »

45 min

€€

dès 7 ans

❸ Expliquez à votre enfant que les routes romaines étaient construites par couches successives de matériaux, et que vous allez faire de même, de manière à ce qu'à la fin du travail, chacune des couches soit visible. Les Romains commençaient par déverser une couche de sable sur le lit du fossé. Faites de même ! Invitez votre enfant à mélanger un verre et demi de sable fin et un verre de colle blanche. Mélangez bien, et appliquez cette mixture au fond du couvercle de votre boîte, sur 1 cm d'épaisseur. Laissez sécher pendant 1 heure au moins.

❹ La deuxième couche est appelée « statumen » (d'après le mot latin), et se compose d'un amas de cailloux. Versez une poignée de graviers d'aquarium sur la couche de sable, de manière à ce qu'elle en recouvre les trois quarts : la première couche doit rester visible afin que votre enfant puisse visualiser les différentes strates qui, à la fin de la séance, formeront un petit escalier. Agglomérez ces graviers en versant dessus quelques cuillères de colle blanche, jusqu'à ce qu'ils soient « pris ». Laissez sécher 24 heures.

❺ Le lendemain, poursuivez le travail en ajoutant la couche appelée « audits » : il s'agit d'un ciment romain, que vous remplacerez par du plâtre de Paris. Réalisez votre plâtre en suivant les instructions de l'emballage et aidez votre enfant à l'appliquer en fine couche sur le dessus, de manière à ce qu'il ne recouvre que les deux tiers de la couche de graviers en dessous.

❻ Sans attendre que le plâtre sèche, posez les « pavés » sur le dessus. C'est la dernière couche, appelée « dorsum ». Encouragez votre enfant à disposer les cailloux assez serrés, en les encastrant au mieux. Prenez soin de ne les disposer que sur la moitié de la surface environ, de manière à laisser une partie de la couche de dessous (plâtre seul) visible.

Peste !

L'épidémie de grande peste, dite « peste noire », dans les années 1340, fut particulièrement meurtrière pour la population mondiale. Le petit jeu suivant permettra à votre enfant de visualiser les progrès de l'épidémie à travers les différents continents et d'aborder une situation de pourcentages et de probabilités de façon concrète. Votre famille parviendra-t-elle à survivre dans l'air pestilentiel de cette période du Moyen Âge ?

matériel

Six petits sacs opaques (par exemple, des sachets d'épicerie en papier kraft). Un dé. Briques de Lego® ou jetons : 50 pièces blanches, 50 pièces noires. Feutre noir. Accès Internet.

1. Observez avec votre enfant des cartes de propagation de la peste noire au XIVe siècle, issues de vos livres documentaires ou de recherches Internet. D'où vient la peste et quel chemin parcourt-elle ? Dans quelles régions du monde est-elle la plus meurtrière ?

2. Proposez à votre enfant une petite simulation ludique pour visualiser la rapidité avec laquelle cette maladie infectieuse se propage. Partez de ce fait réel : dans certaines régions du nord de l'Europe, 20 % de la population a trouvé la mort. Numérotez chacun de vos sacs en papier, de 1 à 6, et dotez chacun d'un nom de ville européenne : Athènes, Marseille, Tolède, Francfort, Bucarest, Copenhague.

3. Vous voilà dans la peau d'un voyageur médiéval, évoluant dans une Europe infestée par la peste noire. 20 % de la population est atteinte. Expliquez à votre enfant ce que signifie ce chiffre : sur 100 personnes, 20 sont malades. Cela revient à dire que 2 personnes sur 10 sont atteintes de la peste. Matérialisez cette proportion avec 10 jetons, 8 blancs et 2 noirs. Glissez-les dans le premier sac, et faites de même pour les autres.

4. Chaque joueur, à tour de rôle, va entreprendre un voyage de ville en ville. Jusqu'où ira-t-il ? Le joueur le plus jeune commence : il lance le dé. S'il obtient un résultat compris entre 1 et 3, il pioche un jeton dans le premier sac « Athènes ». S'il obtient un résultat compris entre 4 et 6, il pioche 2 jetons dans le sac « Athènes ».

5. Si le ou les jetons piochés sont blancs, le voyageur les remet en place et poursuit sa route : le voilà à Marseille (sac n° 2), il lance à nouveau le dé.

20 min | € | dès 9 ans

6 Dès que le joueur pioche un jeton noir, il est contaminé. Il pourra encore se rendre dans deux villes (les deux sacs suivants), après quoi, il devra passer la main au joueur suivant : la peste aura eu raison de lui ! Mais pour chaque jeton noir tiré, le joueur en placera un autre dans le sac. Par exemple, si un joueur tire un jeton noir à Athènes, il le remet dans le sac, et y ajoute un autre jeton noir. Car tout contaminé augmente le risque de propagation ! Le voyageur poursuit sa route : le voilà à Marseille, il lance le dé, pioche le nombre de jetons requis... Quelle chance : ce ne sont que des jetons blancs ! Il poursuit sa route encore un peu : le voilà à Tolède. Il lance le dé, pioche un ou deux jetons... Et tombe sur un noir : il replace tous les jetons tirés dans le sac, plus un noir. Sa manche est terminée. C'est au joueur suivant de tenter sa chance.

7 Si un joueur pioche 2 jetons noirs, il meurt immédiatement. Son tour est terminé, non sans avoir ajouté un nouveau jeton noir dans la ville où il s'est éteint...

Prolongement

À présent, quelles sont vos chances de survie en Asie, où 40 % de la population est atteinte ? Refaites une simulation en plaçant cette fois 4 briques noires et 6 blanches dans chaque sachet, et en dotant vos sacs de ces noms de pays : Chine, Inde, Perse, Arabie, Somalie, Égypte. Bon voyage !

8 Lorsque le voyage du premier joueur s'achève, c'est au tour du deuxième de jouer. Le gagnant est celui qui parvient à voyager le plus loin possible sans être contaminé. Bien sûr, plus les manches se succèdent, plus c'est difficile !

Les Lumières... dans votre salon !

Sous le règne de Louis XIV, et surtout de Louis XV, se développe un mouvement culturel appelé « Lumières », qui s'oppose à la superstition et à l'intolérance. Le XVIIIe siècle voit la naissance de L'Encyclopédie, ce vaste projet soutenu par une poignée de philosophes et qui prétend coucher par écrit l'état actuel du savoir humain. Dans ce climat bouillonnant d'idées, les intellectuelles, comme Madame de Pompadour, ouvrent les portes de leur salon : et si vous faisiez comme elles ?

matériel

Quelques bons livres... et quelques amis ! Papier, crayons, feutres.

1 Observez avec votre enfant un tableau de salon littéraire au XVIIIe siècle (Anicet Charles Gabriel Lemonnier, Jean-François de Troy...). Décrivez-le ensemble : à quelle classe sociale appartiennent les protagonistes représentés ? Que font-ils ? Cherchez dans le tableau des indices se référant à l'encyclopédisme de l'époque : quels sont les objets qui renvoient à la littérature, aux arts, aux sciences ? Expliquez à votre enfant qu'à l'époque, les maîtresses de maison organisaient ce type de réunion à tour de rôle : les invités se faisaient mutuellement la lecture, on échangeait ses avis. Les ouvrages et les idées circulaient ainsi entre les gens lettrés, à une époque où il n'existait ni radio ni Internet !

2 Proposez à votre enfant d'organiser chez vous un « salon littéraire », une sorte de club, afin d'échanger avec ses amis autour de ses lectures. Commencez par réfléchir à l'endroit où vous accueillerez vos invités : si votre salon est trop petit, vous pouvez vous donner rendez-vous dans un parc autour d'un pique-nique thématique par exemple.

3 Constituez la liste des invités avec votre enfant : ciblez entre cinq et huit amis de son âge, qui viendront accompagnés éventuellement de leurs parents. En deçà de cet effectif, les discussions pourraient être laborieuses ; au-delà, vous risquez d'avoir des difficultés pour gérer les débats. Veillez à la mixité filles/garçons, c'était une caractéristique importante des sociétés intellectuelles du XVIIIe siècle !

4 Demandez à votre enfant de choisir un livre qu'il n'a pas encore lu mais qui l'attire. Albums, romans, documentaires : tout est possible ! Privilégiez des nouveautés afin d'être sûr que personne autour de vous ne les a encore lues.

5. Rédigez ensemble les invitations présentant les règles du jeu : chaque invité dispose d'un mois pour lire le livre (les participants peuvent se le prêter), et préparer quelques questions relatives à l'ouvrage à poser à ses camarades. Fixez la date et le lieu du rendez-vous. Précisez bien l'heure de début et de fin de votre réunion : une durée d'une heure est un maximum !

6. Si votre enfant a des difficultés pour lire seul, lisez le livre avec lui en prenant en charge tout ou partie de la lecture. Vous pouvez aussi choisir un ouvrage qui existe en version audio, c'est le cas de tous les grands classiques aujourd'hui ! Restez souple, le plaisir doit primer ! Si votre enfant ne termine pas le livre choisi, dites-vous que c'est son droit en tant que lecteur… et qu'il aura peut-être envie de l'achever quand il aura entendu ses camarades échanger à son propos !

7. Aidez votre enfant à préparer son questionnaire. Deux ou trois questions suffisent, qui doivent être les plus ouvertes possible pour laisser la possibilité à l'interlocuteur de s'exprimer. Par exemple, pour un roman : « Quel est ton personnage préféré et pourquoi ? As-tu aimé la fin et qu'y changerais-tu si tu pouvais réécrire le livre ? » Concernant un documentaire, les questions peuvent être : « Quelle est ta page préférée et pourquoi ? As-tu lu ce livre dans l'ordre ou t'es-tu promené dedans ? Dans ce cas, qu'as-tu lu en premier et pourquoi ? »

8. Le jour J, l'hôte lit un extrait du livre choisi, puis chacun fait part de son avis. Participez en tant qu'adulte en donnant votre point de vue si on vous le demande. Encadrez et relancez le débat, et rappelez aux enfants qu'au XVIIIe siècle, on était tenu de discuter dans le calme, malgré les divergences de goûts et d'opinions !

9. Après la lecture et le débat, proposez une petite activité créative autour du livre (dessin, coloriage, artisanat…) : n'oubliez pas que les enfants ont besoin de mouvement et que votre réunion ne doit pas tourner au cours magistral !

10. Avant de vous séparer, proposez un choix d'une dizaine de livres parmi lesquels un autre enfant choisira l'heureux élu… qui sera l'objet de la prochaine réunion !

Prolongement

Pourquoi ne pas ouvrir un blog dans lequel les enfants du club rédigeraient, à l'issue de chaque réunion, une courte présentation du livre lu ?

focus

L'histoire, ça se vit !

Aimer l'histoire, ce n'est pas avoir en tête toutes les dates cruciales ou la succession des rois de France. Aimer l'histoire, c'est aimer en lire, en écouter, faire des liens entre les faits, essayer d'imaginer comment c'était à telle et telle époque. L'histoire, ça se rêve ! L'histoire, ça se narre...

La narration

Nous appelons ici « narration » le fait de raconter une histoire sans lire aucun texte. La narration est sans filet, ce qui suppose, pour l'adulte, d'avoir une certaine connaissance du sujet. Rassurez-vous, vous trouverez, dans les livres d'histoire de votre enfant, la matière pour une mise à niveau rapide ! Narrer, c'est vivant et c'est amusant. On ne sait jamais vraiment où cela va nous mener. Mettez en scène les grandes batailles historiques dans votre salon en détournant les objets que vous avez sous la main pour figurer les aléas du terrain : votre enfant retiendra le nom des protagonistes et l'enchaînement des évènements avec une facilité déconcertante !

Si vous êtes vous-même un féru d'histoire, c'est quelque chose qui vous viendra naturellement, et votre passion sera communicative. Mais si vous doutez de vos compétences, commencez par partager un bon livre historique avec votre enfant (documentaire ou fiction, selon ses préférences). Demandez-lui ensuite de reformuler l'histoire avec ses mots à lui : vous voilà dans le récit ! Pourquoi ne pas partir de là pour modéliser un petit spectacle ?

Les tableaux et les mises en scène

Créez de petits tableaux historiques avec les jouets de votre enfant et quelques éléments de récupération. Vous pouvez choisir de représenter ainsi des moments clés de l'histoire : par exemple, la signature de l'armistice du 11 novembre 1918 peut être représentée avec des Lego® (forêt de Compiègne, wagon-restaurant, Alliés et Allemands en face à face autour de la table...). Mais on peut aussi mettre l'accent sur de simples scènes de la vie quotidienne. C'est ce qu'on appelle la « civilisation », qui retrace les us et coutumes des hommes du passé.

Documentez-vous, appuyez-vous sur les illustrations de vos livres, qu'il faudra observer finement et décrire. Recyclez des morceaux de carton, des chutes de tissu, fabriquez des accessoires en pâte à modeler. N'oubliez pas de prendre vos réalisations en photo, elles serviront de support à la mémoire de votre enfant.

focus

Marionnettes historiques

Fabriquez avec votre enfant des marionnettes très neutres, réalisées à partir de cuillères en bois ! Elles pourront changer de rôle selon les accessoires dont vous les parez. Utilisez-les pour monter de petites scènes historiques avec votre enfant, et rejouer ses épisodes favoris !

La réalisation de chacune de ces marionnettes sera le prétexte à une intéressante enquête historique. Prenons l'exemple des hommes préhistoriques. Le visage sera dessiné au dos de la cuillère, sur le côté bombé : « De quelle couleur faut-il peindre la peau d'un homme du Paléolithique ? »

Les premiers hommes se protégeaient certainement du froid mordant à l'aide de simples peaux de bêtes à l'état brut : une chute de fausse fourrure l'habillera très simplement.

Collez des fibres de laine brune, pour figurer les cheveux qui retombent aux épaules. Au Paléolithique supérieur, l'homme invente une machine extraordinaire : l'aiguille à coudre ! Il perce ses peaux de petits trous à l'aide d'un silex et relie les morceaux de cuir avec des tendons d'animaux. Réalisez une petite cape en utilisant la même technique : montrez à votre enfant comment perforer le bord d'un morceau de feutrine, avec la pointe d'un couteau par exemple, puis faites-lui passer un fil de coton dans cette trame.

Les hommes préhistoriques étaient aussi coquets ! N'oubliez pas de compléter la parure de votre marionnette en collant coquillages, petites coquilles d'escargots, écailles de pommes de pin... sur leur coiffe ou leurs habits.

Déguisements et costumes

Si vous avez des talents de couturier, confectionnez des costumes pour votre enfant : encore une fois, ce sera l'occasion d'une enquête historique sur les vêtements d'une époque, à laquelle votre enfant sera enchanté de participer. On en trouve aussi aisément dans le commerce (pharaon, corsaire, Roi-Soleil...) : s'ils comportent quelques anachronismes, relevez-les avec votre enfant, ce sera encore une occasion d'apprendre quelque chose... Et corrigez-les si possible !

Une fois votre enfant déguisé, procédez à de petites mises en scène, qui seront autant de petites fêtes familiales. Pourquoi ne pas organiser un grand banquet à la romaine, au cours duquel chacun mangera couché, drapé dans un drap blanc ? Essayez de confectionner des recettes authentiques de l'époque : on raconte que les Romains se régalaient de souris farcies... Bon appétit !

Dorer le blason

Le chevalier du Moyen Âge, une fois enfermé dans sa cuirasse, ressemblait à tous les autres. Seuls les dessins qu'il portait, et qui constituaient ses armoiries, servaient à l'identifier au combat. À cette époque, rares étaient ceux qui savaient lire ou écrire : les images, lourdes de significations, étaient lisibles au premier coup d'œil pour les gens d'alors qui savaient immédiatement ce qu'elles signifiaient et à qui ils avaient affaire. Percez le secret des blasons du Moyen Âge et invitez votre enfant à fabriquer le sien, unique entre tous !

matériel

Carton de récupération. Colle, ciseaux. Feutres, peinture acrylique. Divers éléments de décoration, au choix : mosaïque autocollante, papier coloré, adhésif décoratif (*masking tape*), paillettes…

1. Aidez votre enfant à tracer le contour d'un écusson sur le carton : effectuez une rapide recherche sur les formes d'écus au Moyen Âge, et demandez à votre enfant de choisir celle qu'il préfère. La plus courante est appelée « écu français ancien » : elle a une pointe inférieure en ogive, dont l'arrondi part au milieu des flancs. Tracez une forme assez grande, de la taille d'un petit bouclier.

2. De quelle couleur votre enfant souhaite-t-il peindre son blason ? Quelles sont ses couleurs préférées ? Sait-il ce qu'elles symbolisent ? Référez-vous au tableau des symboles, pages 38-39, et demandez à votre enfant quelle vision de lui-même il souhaite mettre en avant à travers ce blason. C'est la fonction première des armoiries : dire quelque chose de celui qui les porte. Encouragez votre enfant à lister quelques-unes de ses qualités et à chercher ensuite quelles sont les couleurs qui les expriment. Soyez souple, et laissez les goûts de votre enfant s'exprimer : son blason doit lui plaire, c'est là le principal ! Une fois la couleur choisie, invitez-le à passer deux couches d'acrylique sur toute la surface du carton pour plus d'opacité.

3. Une fois la surface sèche, déterminez l'organisation de l'écu avec votre enfant : le plus simple est de séparer l'écusson en quatre parties équivalentes, mais d'autres organisations sont possibles. Observez ensemble des représentations d'armoiries moyenâgeuses et laissez-le décider du tracé de ses lignes, qui peuvent être peintes ou réalisées avec de l'adhésif décoratif (à choisir uni ou rayé pour plus de réalisme).

45 min | €€ | dès 8 ans

❹ Invitez ensuite votre enfant à décorer son blason : chacune des sections recevra un motif qui le renverra à lui-même. On peut aussi ajouter une silhouette centrale, dessinée et découpée dans du papier coloré et qui sera collée à l'intersection des lignes délimitant les zones. Proposez à votre enfant de réaliser un brouillon au préalable afin d'avoir une vue d'ensemble : que souhaite-t-il dessiner, et où ? Ce peut être un centre d'intérêt, une initiale, un sport favori, un plat préféré, l'année de sa naissance, son animal de compagnie… Il peut décider de représenter tout cela de façon figurative ou en utilisant des symboles compris de lui seul… La liberté est ici totale !

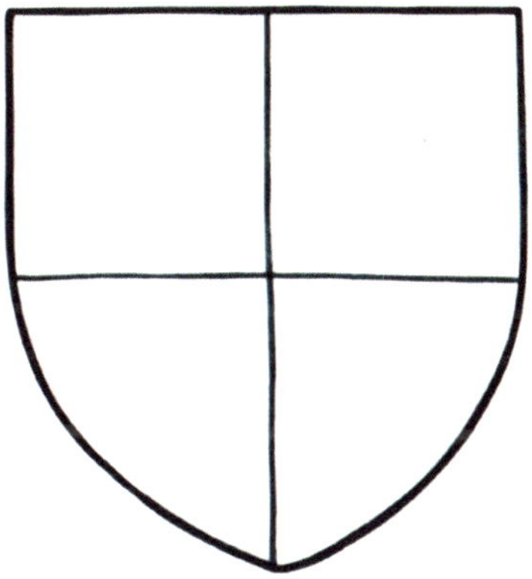

❺ Au moment de reporter les motifs sur le blason, encouragez votre enfant à utiliser divers matériaux : un dessin d'oiseau peut être habillé de plumes véritables collées, des fleurs séchées peuvent venir agrémenter une section, une initiale peut être tracée à l'aide de mosaïques autocollantes ou de gommettes…

Quelques symboles en langage blason

Symboles des couleurs

Bleu clair	Force
Bleu foncé	Loyauté
Gris clair	Paix
Gris foncé	Sincérité
Noir	Fiabilité, chagrin
Orange clair	Vitalité
Orange foncé	Ambition
Rouge	Sacrifice, force militaire, combativité
Vert clair	Loyauté en amour
Vert kaki	Générosité
Vert foncé	Espoir
Violet clair	Victoire
Violet foncé	Justice, patience, noblesse, droiture

Symboles des formes géométriques

Cercle	Âme, perfection, absolu, infini, divin
Losange	Vie, passage, échange
Rectangle (dont carré)	Monde terrestre, matière
Triangle	Unité, esprit

Symboles des animaux

Aigle	Protection, force
Bélier	Invulnérabilité
Cheval	Sens du devoir
Chèvre	Recherche d'harmonie
Cygne	Musique, harmonie
Dragon	Défense, courage
Lapin	Paix
Lion	Férocité, combat
Loup	Persévérance
Ours	Force, ruse
Panthère	Valeur, férocité
Paon	Beauté, fierté
Renard	Sagesse
Serpent	Sagesse

Une chasse à la boussole

La boussole est un instrument de navigation qui indique le nord magnétique. Bien que le principe soit connu des Chinois depuis le IVe siècle avant J.-C., ce n'est qu'au XIIe siècle que l'instrument est utilisé à des fins d'orientation. Exploitez l'attrait que ce bel instrument, emblématique des Grandes découvertes du XVe siècle, exerce sur votre enfant, et proposez-lui une chasse au trésor digne de Colomb ou de Magellan !

matériel

Boussole. Petits trésors à cacher. Papier, crayon.

1. Choisissez un lieu propice à votre chasse au trésor : une plage est un emplacement idéal, mais le jeu peut très bien se dérouler dans un parc ou dans votre jardin. Décidez d'un point de départ de votre course, placez-vous debout, et cherchez du regard une cachette pour le premier indice : fixé derrière un arbre, suspendu à une branche, derrière un rocher... Tenez la boussole à l'horizontale sur votre main, à hauteur de poitrine, et attendez quelques instants : l'aiguille bouge librement puis pointe dans une direction. Tournez le cadran gradué jusqu'à ce que la flèche d'orientation (flèche non magnétique, dessinée à l'intérieur du cadran) se trouve dans l'alignement du N. Pivotez lentement votre main jusqu'à ce que l'aiguille magnétique pointe vers le nord.

Relevez à présent les yeux vers votre cachette : avec quelle gradation du cadran se trouve-t-elle alignée ? Lisez les degrés qui mesurent l'écart entre le nord et l'emplacement choisi. Reportez ces coordonnées sur une feuille de papier.

Marchez jusqu'à votre première cachette en comptant vos pas. Faites-en de petits, votre enfant a de petites jambes ! Notez le nombre de pas effectués : voilà votre premier indice, celui que vous donnerez à votre enfant au moment du jeu. Par exemple : « 90°, 28 pas ».

Recommencez la procédure : repérez une deuxième cachette, déterminez sa position, comptez les pas et notez les coordonnées de ce deuxième indice. Par exemple : « 180°, 20 pas ». Revenez sur vos pas pour cacher ce deuxième indice, ainsi qu'une petite surprise, dans la première cachette. Continuez ainsi jusqu'à la fin du parcours.

2. Balisez votre course d'autant d'indices que vous le souhaitez, en adaptant leur nombre à l'âge et au nombre de participants. Si le jeu se déroule en pleine nature, organisez votre course de manière circulaire ou spiralaire, afin que votre enfant soit toujours à portée de vue et de voix.

3. Initiez votre enfant à l'usage de la

60 min | € | dès 8 ans

boussole avant de le placer sur le point de départ. Donnez-lui votre première note et souhaitez-lui bonne chance !

Des surprises spécial « Grandes découvertes »

Bien sûr, vous pouvez opter ici pour des surprises classiques : petits sachets de bonbons ou menus gadgets. Mais pour transformer cette activité en véritable jeu d'histoire, il est préférable de rester dans la thématique des Grandes découvertes. Voici quelques idées de babioles à cacher le long de votre parcours :

- Un coloriage de caravelle (à imprimer sur Internet).

- Quelques portraits de grands découvreurs (imprimés sur Internet et plastifiés) : Christophe Colomb, Vasco de Gama, Jacques Cartier, Pedro Alvares Cabral, Magellan.

- Un sachet de pièces d'or en chocolat (n'oublions pas la motivation de ces grands voyages !).

- Une chute de soie (autre grande motivation de l'époque) dans laquelle envelopper poupées ou peluches.

- Des galons de jacquard inca ou aztèque, un sachet de petits gouvernails (articles de scrapbooking) ou boutons en forme d'ancres pour des activités futures (collages, bricolage, couture).

- Un flacon d'épices pour parfumer vos gâteaux.

- Une carte du ciel (on trouve des brochures pour quelques euros en librairie) : les étoiles étaient le premier outil d'orientation de nos navigateurs de l'extrême !

- Petites figurines d'Américains natifs, autocollants ou décalcomanies de symboles indiens…

- Petite bouteille de sable rapportée d'un de vos voyages à l'étranger et soigneusement étiquetée.

- Et au terme du parcours… une boussole, évidemment ! Qui sera la propriété exclusive de votre enfant et lui sera d'une grande aide lors de ses explorations dans le vaste monde !

Conseils

– Attention, la méthode de la boussole reste approximative. Ne cachez pas « trop bien » vos indices sous peine de frustrer votre jeune découvreur !
– Cette activité est idéale en groupe, lors d'un anniversaire d'enfants par exemple. Prévoyez alors autant d'indices qu'il y a de joueurs et notez sur chacun d'eux le prénom d'un enfant. Ainsi, vous serez sûr que chacun manipule la boussole au cours du jeu !

Musique native

La musique jouait un rôle important dans la vie des Indiens d'Amérique. De leur naissance à leur mort, leur existence était rythmée par des cérémonies et des danses ritualisées. Proposez à votre enfant de confectionner les instruments de percussion typiques de cette civilisation, en utilisant (presque !) les mêmes matériaux que les originaux !

LES TAMBOURS

matériel

Ciseaux et ficelle. Boîte à café métallique avec couvercle en plastique souple. Ouvre-boîte. Tissu 100 % coton, papier kraft. Crayon à papier, vernis-colle, pinceau. Élastiques. Cuillère en bois. Pour décorer : peinture acrylique, rubans, plumes...

Au XIXe siècle, les boîtes en métal des colons étaient très prisées des Natifs, qui réalisaient avec ces petites percussions un son étincelant. Utilisez vous aussi ce précieux matériel !

À l'aide de l'ouvre-boîte, ôtez le fond métallique de la boîte à café vide, de manière à ce qu'elle soit ouverte aux deux extrémités. Les Amérindiens utilisaient des peaux animales comme membranes ; c'est difficilement réalisable par un néophyte... Demandez à votre enfant de déplier un morceau de papier kraft sur votre table de travail, et de poser la boîte métallique en son centre ; aidez-le à tracer à main levée un cercle qui épouse la forme du couvercle, mais d'un diamètre supérieur (environ 5 cm de marge). Votre enfant découpe ce cercle, et l'utilise ensuite comme gabarit pour en découper un second, dans du tissu de coton, cette fois.

Montrez à votre enfant comment passer ces deux disques sous l'eau courante pour les humidifier : expliquez-lui qu'en séchant, ils vont rétrécir et se tendre comme le feraient des peaux de bêtes, et rendront un son similaire. Superposez les deux disques, celui en coton sur le dessus, et placez-les sur la boîte à café. Maintenez le tout en place par des élastiques, puis nouez une ficelle tout autour, en la serrant bien, pour cacher les élastiques et les maintenir.
Laissez votre « peau » sécher complètement, puis invitez votre enfant à y appliquer trois couches de vernis-colle (laissez sécher entre chaque application).

Reste à confectionner une baguette à l'aide d'une cuillère en bois (les Indiens ne tapaient jamais leurs tambours à la main, mais toujours à l'aide d'une baguette !), et à peindre et orner vos créations de symboles amérindiens.

60 min | €€ | dès 8 ans

Variantes

La plupart des contenants de notre quotidien feront d'excellents tambours, et permettront de varier les sons obtenus : boîte à sel vide, pot de fleurs en terre, seau en métal, panier en osier...

LES MARACAS

matériel

Cannette de boisson en métal. Graines (haricots secs...) ou perles. Carton, papier Canson®. Ciseaux, crayon à papier, pistolet à colle. Facultatif : colle, feutres.

Veillez à ce que la cannette soit bien sèche, à défaut les graines risqueraient de moisir à l'intérieur. Glissez des graines dans la cannette jusqu'à ce que le son satisfasse votre enfant.
Montrez-lui comment découper un disque de carton de même dimension que la cannette, puis fixez-le solidement à la colle chaude en guise de couvercle.

Aidez votre enfant à découper un rectangle de papier Canson® qui puisse habiller, en l'enroulant, le corps de la cannette. Invitez-le à décorer l'ensemble, à l'aide de collages ou de dessins.

LES GÜIROS

matériel

Tringle ronde en bois (en vente en magasin de bricolage, de 3 cm de diamètre environ). Crayon à papier. Scie à bois, lime ou ciseau à bois.

Dans une tringle ronde, sciez un tronçon de 25 cm, et un autre de 18 cm : cette étape peut être réalisée par votre enfant sous votre surveillance, à condition que vous lui montriez comment utiliser l'outil en toute sécurité.
Montrez-lui également comment tracer une marque au crayon à papier tous les centimètres dans le morceau de tringle le plus long. Prenez soin de ménager 10 cm à une extrémité, de façon à pouvoir tenir l'instrument. Sur chaque trace, réalisez une encoche à la scie. Puis aidez votre enfant à arrondir chaque encoche dans sa largeur à l'aide d'une lime.

Pour jouer, frottez les dents ainsi taillées à l'aide du bâton plus court.

Prolongement

Organisez une grande danse (éventuellement costumée !) à l'occasion d'une fête familiale, d'un changement de saison… Bougez et faites du bruit, et souvenez-vous : la musique est l'art le plus direct et le plus souple, celui qui vous permettra au mieux d'exprimer vos états d'âme et vos aspirations… à condition de surmonter vos complexes ! Suivez votre enfant pour ce faire, il est votre guide !

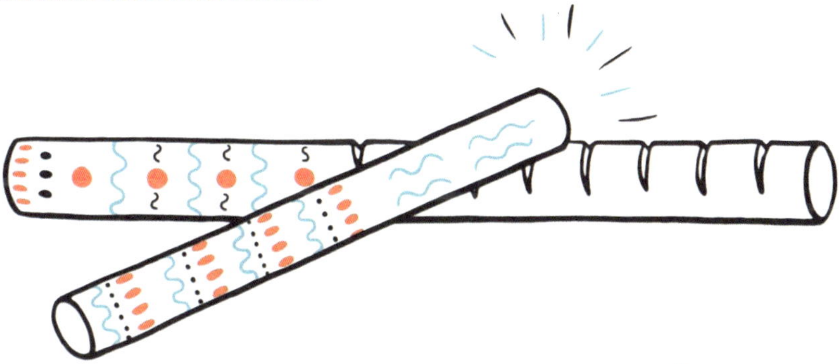

focus

La médiathèque du jeune historien

Dans la mallette du jeune historien, il y a des livres, bien sûr, des tas de livres ! Ne craignez pas pour votre budget : votre bibliothèque de secteur pourvoira largement, à quelques exceptions près, aux explorations historiques de votre enfant.

Un livre d'histoire généraliste

C'est un outil indispensable, le seul, peut-être, qu'il vous faudra acquérir : vous y puiserez des repères pour baliser vos promenades dans le temps et alimenter votre frise chronologique (p. 14). Un bon livre d'histoire est avant tout un livre qui plaît à votre enfant, et dans lequel il se plonge facilement : prêtez attention à la véracité des illustrations, et à la qualité des textes. Mais n'hésitez pas à croiser vos sources en empruntant plusieurs ouvrages supplémentaires de ce genre dans votre bibliothèque : chacun d'entre eux apportera un éclairage unique sur la période que vous étudiez.

Des documentaires

À chaque fois que vous vous immergez dans une période (Préhistoire, grandes découvertes, Guerres de Religion, etc.), inspectez les rayons de votre bibliothèque et sélectionnez des ouvrages documentaires qui se consacrent à ce chapitre de l'histoire. Conçus par des spécialistes des époques concernées, ils fourmillent d'informations passionnantes et n'ont souvent rien à envier aux ouvrages pour adultes en termes de scientificité ! Votre enfant y trouvera aussi un réservoir d'images à photocopier et à reporter sur sa frise chronologique.

Des fictions historiques

Il existe aujourd'hui une vraie littérature historique à destination des enfants. Quel que soit l'âge de votre enfant, vous trouverez le récit qui incarnera votre sujet – c'est-à-dire qui le rendra vivant. À travers les aventures d'un personnage concret, l'imagination de votre enfant est activée, les faits évoqués se font images, chargées d'émotions. Grâce au plaisir que procure une bonne histoire, les connaissances historiques se construisent.
Les activités de ce livre tentent de couvrir les grands chapitres de l'histoire – il est impossible d'être exhaustif en quelques pages, bien sûr ! Pour chacun d'eux, vous trouverez une courte liste romanesque.

N'hésitez pas à lire ces ouvrages vous-même à votre enfant. Sachez ménager le suspense, en ne lisant qu'un chapitre par soir, et en demandant à votre enfant de formuler des hypothèses sur ce qui va se passer ensuite. Prenez le temps, même si (surtout si !) l'ouvrage est passionnant : votre enfant aura le temps de vivre avec les personnages, de rêver le récit et de s'y projeter, et d'assimiler les connaissances factuelles qu'il lui délivre. Il se souviendra plus durablement d'un livre dont la lecture a pris plusieurs jours, voire plusieurs semaines.

Des vidéos

Elles permettent de faire renaître ce passé révolu… L'histoire est une science de l'image, et il serait dommage de se priver des supports multimédias la concernant. Mais attention : regardez toujours les vidéos seul avant de les proposer à votre enfant, et sentez-vous libre de ne pas les lui présenter si vous doutez de la manière dont il les recevra. À chacun sa susceptibilité, et se pencher sur l'histoire, c'est aussi voir les guerres, la violence et la mort… Lorsqu'on conte, on garde le contrôle sur ce qu'on choisit de dire et sur la manière dont on le dit. Ce contrôle est totalement perdu lorsqu'on place son enfant face à une vidéo, pensez-y !

Jeu des 7 familles historiques !

Aucun enseignant ne demandera à votre enfant de mémoriser la liste des rois de France ! Ce n'est pas non plus le but de l'activité ci-dessous, qui propose plutôt une promenade ludique dans l'histoire par le biais des souverains français. En fabriquant ce jeu de 7 familles, votre enfant va rencontrer bien des faits marquants, des anecdotes amusantes... qui seront réinvestis ensuite, lors des parties de cartes !

matériel

Papier assez épais (120 g/m²). Ciseaux, colle, crayons de couleur, stylo.

1. Proposez à votre enfant de fabriquer un jeu de 7 familles sur les rois de France : connaît-il le nom des sept grandes familles de monarques qui se sont succédé sur le trône ? Aidez-le à faire une recherche dans ses livres d'histoire.

2. Pour chaque famille, sélectionnez ensuite ensemble six personnages qui vous paraissent emblématiques. Encouragez votre enfant à choisir ses personnages favoris : lisez ensemble de courtes biographies, et aidez-le à réaliser sa sélection.
La liste de la page 52 est une proposition, que vous pouvez choisir de suivre ou non.

3. Une fois votre liste déterminée, fabriquez vos cartes en les découpant dans du papier assez épais et en veillant à ce que chacune soit présentée de la même manière, comme ci-contre.

4. Collez des images issues de photocopies de livres d'histoire ou de recherches Internet. Notez sous chaque image le nom du personnage, son siècle et le nom de sa famille. Coloriez-les.

5. Plastifiez-les ensuite : elles glisseront mieux dans la main des joueurs et dureront dans le temps !

6. Le jeu se joue comme un jeu de 7 familles classique : mélangez les cartes, et distribuez-en sept à chacun des participants. Le reste fait office de pioche. Chaque joueur, à tour de rôle, demande une carte qui lui manque à un joueur de son choix. Le gagnant est celui qui a constitué le plus de familles à la fin de la partie.

60 min

€

dès 8 ans

Le saviez-vous ?

– Seuls trois représentants de la maison Bonaparte ont dirigé notre pays. Pour obtenir six personnages dans cette famille, le choix a été fait ici d'inclure des frères et sœur de Napoléon Ier, qui furent bel et bien des monarques, mais de régions ou de pays européens autres que la France.

– Louis Philippe Ier de France est le seul homme de cette lignée, cependant très puissante autrefois, à avoir régné sur la France.
Ses descendants sont aujourd'hui les dignes prétendants au trône de France… si d'aventure nous revenions un jour à un régime monarchique !

Exemples de personnages

❶ La dynastie des Mérovingiens : Mérovée, Childéric Ier, Clovis, Clotaire Ier, Dagobert Ier, Childéric III.

❷ La dynastie des Carolingiens : Pépin le Bref, Charlemagne, Louis Ier le Pieux, Charles II le Chauve, Charles le Gros, Louis V le Fainéant.

❸ La dynastie des Capétiens : Hugues Capet, Philippe Ier, Philippe II Auguste, Louis IX (dit Saint Louis), Philippe IV le Bel, Charles IV le Bel.

❹ La maison des Valois : Charles de Valois, Jean II le Bon, Charles V le Sage, Charles VII le Victorieux, Louis XI Le Prudent, Charles VIII l'Affable.

❺ La maison des Bourbons : Henri IV, Louis XIII le Juste, Louis XIV, Louis XV, Louis XVI, Louis XVIII.

❻ La maison Bonaparte : Napoléon Ier, Élisa Bonaparte, Joseph Bonaparte, Jérôme Bonaparte, Napoléon II, Napoléon III.

❼ La maison d'Orléans : Philippe d'Orléans, Philippe II d'Orléans, « Le Régent », Louis Ier d'Orléans, dit « Le Pieux », Louis Philippe Ier d'Orléans, dit « Le Gros », Louis Philippe II d'Orléans, dit « Philippe Égalité », Louis Philippe Ier de France.

Pour poursuivre le jeu…

❶ La loi salique interdisait aux femmes d'accéder au trône de France. Voilà pourquoi notre histoire est jalonnée de noms masculins… Pourtant, nombre de ces femmes de rois ont régné, elles aussi, sans en avoir le titre. Rendez-leur justice, et créez un jeu de cartes alternatif sur les Reines de France ! De Brunehaut et Frédégonde et leur haine sanguinaire, jusqu'à Eugénie de Montijo, dernière femme à avoir gouverné la France avec les prérogatives d'un chef d'État, rendez-leur hommage ! Et vous ne verrez plus l'histoire du même œil…

❷ Utilisez le même jeu pour jouer à la bataille : partagez les cartes équitablement entre les joueurs. Chacun abat une carte sur la table : on compare alors les siècles inscrits en bas des cartes. Le plus grand chiffre gagne. Et si deux siècles sont identiques, c'est la bataille, bien sûr ! Cette version du jeu permet de travailler la chronologie des grands personnages, et la lecture des chiffres romains.

Jeu de l'oie de l'histoire de France

Pourquoi ne pas fabriquer un grand jeu de l'oie sur le thème de l'histoire ? En impliquant votre enfant dans la fabrication et la conception du plateau, vous le dotez d'outils pratiques pour apprendre : il sélectionnera les évènements historiques dignes de figurer dans son jeu, autour desquels vous échangerez et communiquerez... Il devrait apprendre bien des choses avant même de commencer à jouer !

matériel

Carton ondulé. Ciseaux ou cutter, colle. Crayon à papier, gomme. Gouache et pinceau. Feutre marqueur noir. Pions, dés. Imprimante ou photocopieuse. Papier-calque.

CONFECTIONNER LE JEU

1. Proposez à votre enfant de fabriquer un jeu de l'oie historique : aidez-le à préparer le plateau en découpant un morceau de carton ondulé d'environ 40 cm x 30 cm.

2. Tracez le parcours au crayon à papier. Vous pouvez agrandir le modèle ci-contre ou décalquer le plateau d'un jeu que vous avez déjà. Comptez une soixantaine de cases, pas trop petites, qui s'enroulent jusqu'au centre (arrivée).

3. Choisissez les cases spéciales, et répartissez-les sur l'ensemble du plateau, en veillant à équilibrer les cases « bonus » (qui font avancer plus vite) et les cases « malus » (qui font reculer). Prévoyez une quinzaine de cases spéciales maximum.

4. Déterminez avec votre enfant les actions qui correspondront à ces cases spéciales : la seule contrainte est qu'elles fassent référence à un évènement historique ! Inspirez-vous des exemples ci-contre, mais l'idéal est que votre enfant lui-même sélectionne les évènements qui lui tiennent à cœur, en se promenant dans ses livres d'histoire. Pendant le jeu, quand un joueur tombera sur une case spéciale, reportez-vous à cette liste et lisez l'action correspondante.

5. Numérotez soigneusement les cases du parcours et décorez les cases spéciales avec des images des évènements historiques concernés (photocopiées dans vos manuels ou imprimées sur Internet). Aidez votre enfant à peindre toutes les autres cases à la gouache en changeant de couleurs pour chaque case et laissez-le décorer le plateau comme il le souhaite.

6. Il ne reste plus qu'à jouer !

60 min

€

dès 6 ans

EXEMPLES DE CASES SPÉCIALES

- Case 5 : c'est la Préhistoire. L'Homme apparaît en Afrique il y a 3 millions d'années. Va directement à la case 12.
- Case 9 : des Celtes venus du centre de l'Europe s'installent sur notre territoire. C'est le début de la période antique, passe ton tour !
- Case 14 : nous sommes en 476, voici le début de la période médiévale avec la chute de l'Empire romain d'Occident. Relance les dés !
- Case 18 : c'est la fin du Moyen Âge et le début des Temps modernes. Retourne à la case 10.
- Case 23 : nous voici à la Renaissance. Va directement à la case 30.
- Case 27 : les guerres de Religion font rage. Retourne à la case 22.
- Case 32 : 1789 ! C'est la Révolution française ! Relance les dés !
- Case 36 : 1880 : 14 juillet. Trop occupé à fêter la première fête nationale, tu passes ton tour !
- Case 41 : nous sommes dans le dernier tiers du XVIIIe siècle : c'est le début de la Révolution industrielle en Angleterre. Avance à la case 43.
- Case 45 : après 1830, la France connaît un essor de l'industrialisation sans précédent. Avance case 49.
- Case 50 : 1944 : les femmes en France obtiennent le droit de vote ! Avance à la case 55.
- Case 54 : 1914-1918, c'est la Première Guerre mondiale. Recule case 49.
- Case 59 : 1939-1945, c'est la Deuxième Guerre mondiale. Recule case 49.

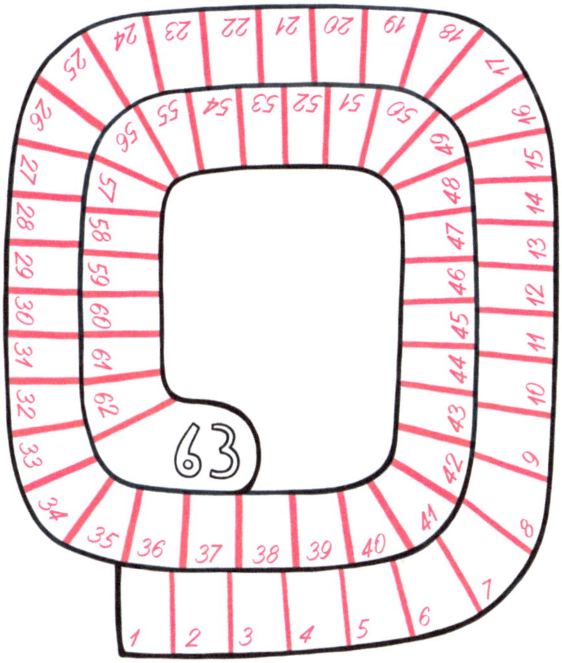

À la conquête de l'espace !

Votre enfant rêve de quitter la Terre et de voyager dans l'espace ? L'exploration spatiale du XXe siècle repousse les limites de l'imagination humaine… S'il est hélas impossible de recréer chez soi les conditions de vie des astronautes, vous pouvez proposer à votre enfant d'y réfléchir : en concevant un « repas de l'espace », il résoudra des problèmes, et modélisera ses connaissances physiques et astrophysiques !

matériel

Papier, stylo. Congélateur. Sac de congélation zippé. Mortier, pilon. Gourde réutilisable pour compote. Adhésif double face. Facultatif : connexion Internet, combinaisons de ski.

1. Proposez à votre enfant de concocter un repas spécial, afin de manger comme si vous étiez des astronautes en expédition. Un repas de l'espace pourrait-il ressembler à celui que vous avez pris il y a quelques heures ? Pourquoi ? Demandez à votre enfant de dresser une liste d'aliments qui puissent être achetés facilement dans votre magasin habituel. Pour chaque ingrédient choisi, réfléchissez ensemble : pourrait-il être emporté et consommé dans l'espace ? Amenez votre enfant à verbaliser la principale difficulté : en s'arrachant à l'attraction terrestre, tout ce qui se trouve dans une navette spatiale est en impesanteur… et flotte ! Il faudra donc veiller à bannir les aliments qui pourraient s'effriter ou se répandre : les miettes ou les gouttes se mettraient alors à flotter autour de vous !

2. Expliquez à votre enfant que les aliments qu'emportent les astronautes ont souvent subi des transformations pour pouvoir être consommés dans l'espace. Proposez-lui de modifier lui-même certains ingrédients frais de votre cuisine selon les techniques utilisées pour les voyages spatiaux :

- L'emballage sous vide : placez vos aliments à emballer dans un sac de congélation zippé, et remplissez votre évier d'eau froide. Plongez le sac debout, ouverture vers le haut (l'eau ne doit pas rentrer dans le sac). Utilisez la pression de l'eau sur les aliments pour chasser l'air, puis fermez le sac qui se conserve à température ambiante. À consommer rapidement toutefois.

- La lyophilisation : choisissez quelques fruits (banane, pomme, poire) bien mûrs, lavez-les et séchez-les. Demandez à votre enfant de les couper en petits dés et de les disposer bien à plat sur un plateau (les morceaux de fruits ne doivent pas se toucher). Placez le plateau au congélateur puis évitez d'ouvrir celui-ci pendant une semaine (car des cristaux de glace se formeraient sur vos aliments). Au bout de ce temps, prélevez

60 min | € | dès 6 ans

un morceau de fruit et laissez-le décongeler : s'il noircit, c'est que le processus de lyophilisation n'est pas achevé, et doit être prolongé. Lorsque les aliments sont lyophilisés, transférez-les dans des sacs de congélation, et chassez-en l'air. Ils se conservent alors à température ambiante.

- La transformation en poudre : proposez à votre enfant de piler un sachet de fruits séchés (bananes, raisins…) dans un mortier, puis de verser la poudre obtenue dans une gourde à compote réutilisable. Au moment de déguster, il ne reste plus qu'à y ajouter un peu d'eau et à aspirer… Bon appétit !

3 C'est l'heure de passer à table ! Invitez votre enfant à enfiler sa combinaison de ski pour plus de réalisme…

4 Disposez sur votre table les aliments choisis : compotes en gourdes, boissons en briquettes, fruits secs, aliments transformés et conditionnés par votre enfant… À quel problème seriez-vous à présent confronté dans l'espace ? Les aliments, bien sûr, se mettraient à flotter ! Comment faire ? Les astronautes disposent de systèmes d'attaches pour fixer autour d'eux tous les objets de leur quotidien. Faites de même : placez des morceaux d'adhésif double face sur votre table, et collez-y vos emballages.

5 Pour déguster ce repas spatial, autorisez votre enfant à manger debout, en virevoltant lentement dans la cuisine. Attention, s'il veut poser un aliment, il devra prendre garde à le fixer ! Dans le cas contraire, vous le saisirez et le ferez dériver lentement… Fous rires garantis !

Prolongement

Le comportement de l'eau, lorsqu'elle n'est plus régie par les lois de la gravité, illustre bien les problèmes pratiques que rencontrent les astronautes dans l'espace. Feuilletez ensemble On a marché sur la Lune *d'Hergé : sous l'effet de l'apesanteur, le scotch du capitaine Haddock se met à flotter dans l'air sous la forme d'une grosse goutte ! Montrez à votre enfant de petits reportages sur YouTube qui décrivent la vie quotidienne des astronautes : comment se lave-t-on les mains et les dents dans l'espace ? Comment cuisine-t-on ?*

Jeux de géographie

La Géographie est une science magique : alors que nous vivons dans un endroit donné, elle nous ouvre à l'extraordinaire diversité du monde, physique et culturelle. Mais la Géographie, tout comme l'Histoire, est une discipline rigoureuse, qui peut paraître rebutante à certains égards. Une fois de plus, le jeu et la créativité permettent d'éveiller l'enfant à de nouvelles idées. La Géographie est avant tout un incroyable voyage… Embarquez en famille !

Images mentales

Les enfants adorent que vous vous racontiez : vous, votre enfance, vos souvenirs. Raconter une histoire, surtout si elle est authentique, est un excellent moyen de renforcer vos liens familiaux, en ancrant votre enfant dans son histoire. Mais c'est aussi une manière de l'inciter à créer des images mentales : lorsque vous racontez un souvenir, vous n'avez pas d'illustrations à soumettre à votre enfant, il va donc les forger seul... et faire, sans le savoir, un peu de géographie !

1 Avant de commencer, essayez de convoquer votre propre catalogue d'images mentales, et d'en sélectionner une dont vous vous souvenez particulièrement bien : il s'agit souvent d'un paysage extérieur, dont la contemplation s'est trouvée liée à une émotion positive.

2 Décrivez à présent ce paysage à votre enfant, de manière à l'encourager à créer son propre album de paysages mentaux. Essayez de rendre le récit le plus personnel possible : « Lorsque j'étais petit(e), je suis parti(e) en vacances avec mes parents, ton papi et ta mamie. Je me souviens que nous avions pris le train de nuit, car nous voulions arriver en Espagne au petit matin. Nous avions dormi sur des couchettes, c'était une grande aventure pour moi ! Je me suis réveillé(e) de bonne heure, peut-être à cause d'un arrêt dans une gare. Je me suis glissé(e) jusqu'à la fenêtre et j'ai vu des montagnes étranges, qui paraissaient plissées. La roche était très sombre, je distinguais mal le ciel de la terre – le jour se levait à peine. Je me souviens de la couleur rougeâtre de la terre, et de la voix de ton papi, qui m'a dit : "Derrière ces rochers, il y a la mer..." »

3 Parler ainsi, c'est « parler géographie » : on prend une « photographie dans sa tête », et on s'exerce à la décrire aux autres. Prenez l'habitude de dépeindre à votre enfant les endroits que vous connaissez bien ou que vous avez visités, avec autant de détails que possible, en parlant de ce que vous avez vu, humé, entendu ou ressenti. Quelles émotions ce site vous évoque-t-il ? Qu'y faisiez-vous ? Qui vous accompagnait ? Si vous le pouvez, localisez avec votre enfant ce lieu sur une carte, ainsi que le trajet que vous avez parcouru pour l'atteindre. Vous constaterez vite la richesse de toutes ces images, qui peuvent être réactualisées à n'importe quel moment !

4 Lorsque votre enfant est familiarisé avec vos descriptions, invitez-le à observer un paysage de son choix et à le prendre en photographie mentalement. Demandez-lui de fermer les yeux et de le visualiser dans son esprit. Si c'est difficile, l'enfant peut rouvrir les yeux pour prendre regarder à nouveau. Lorsqu'il pense avoir une image détaillée en tête, il tourne le dos au paysage, et s'amuse à le décrire avec le plus de détails possible. C'est un excellent exercice pour travailler la mémoire visuelle, que vous pouvez réaliser une fois par semaine, lors d'une promenade hebdomadaire par exemple.

Une bibliothèque géographique

Certains livres sont susceptibles, grâce aux voyages virtuels qu'ils proposent, de développer l'amour pour les autres cultures. Empruntez régulièrement dans votre bibliothèque de secteur des ouvrages de fiction mettant en scène d'autres peuples, et consacrez-leur un planisphère, sur lequel vous placerez un repère pour chaque lieu rencontré dans vos lectures. Chacune d'elles peut aussi être complétée par un dessin.

- *Contes des enfants du monde*, Patricia Geis, dès 5 ans.
- *Les Voisins du dessous*, Isabelle Simon, dès 7 ans.
- *Le Taxi-brousse de Papa Diop*, Christian Epanya, dès 7 ans.
- *ABC des peuples*, Liuna Virardi, dès 7 ans.
- *Bonnes Nouvelles du monde*, Alain Serres, dès 8 ans.

focus

Géographie concrète

Si la géographie est une science de l'image, ne croyez surtout pas qu'elle soit purement « livresque ». Nous le voyons lors de l'activité « Images mentales » (p. 60) : une image peut être dans notre tête ! Et elle peut désigner, encore plus simplement, ce que nous avons sous les yeux. Car étudier un paysage, c'est d'abord l'observer... La géographie pour les enfants est une géographie de l'action, et elle tient en deux mots : voir et faire.

Peut-être la géographie est-elle liée pour vous à de mauvais souvenirs scolaires, et vous sentez-vous incompétent en la matière ? Rassurez-vous : quiconque possède des sens, qui fournissent des informations sur l'environnement, est un géographe en puissance. Rien ne vous empêche de (ré)apprendre en même temps que votre enfant : en aucun cas vous n'avez à endosser la lourde tâche d'incarner celui qui détient le savoir ! Avouez vos lacunes, développez votre curiosité, et votre enfant s'engagera, à vos côtés, dans une démarche d'apprentissage.

Voir

Le moyen le plus efficace d'apprendre sa leçon de géographie et de mémoriser les définitions des termes barbares qu'elle contient est... de sortir se promener ! Emmenez votre enfant visiter un aéroport, observer l'échancrure du littoral creusé par une baie, explorer un port industriel, suivre une voie ferrée, ou découvrir un parc naturel... Ces lieux sont l'objet même de ses leçons !

Quel est le lexique que votre enfant doit mémoriser en cours de géographie ? « Océan », « montagne », « industrie »... Autant de notions abstraites et rébarbatives sur le papier qui se révèlent passionnantes quand on les a sous les yeux, lorsqu'on peut les sentir et les toucher ! Essayez, pendant quelque temps, de programmer les sorties de votre famille en fonction de ce vocabulaire. Votre enfant étudie les falaises, les fleuves, les déserts, les collines ?

Renseignez-vous : vous avez certainement ce type de paysage dans votre secteur, nos régions sont si variées ! Cette méthode vous semblera sans doute manquer de spontanéité ; mais « programmer » vos vagabondages, au moins de temps en temps, est un excellent moyen de découvrir de nouveaux espaces près de chez vous… et d'engager toute votre famille dans une démarche d'authentiques géographes ! Le seul risque à courir est de découvrir une multitude de nouveaux endroits qui deviendront des lieux de balade favoris.

Bien sûr, votre désert local n'aura rien du Sahara : il sera peut-être situé sur la « diagonale du vide », peu industrialisée, peu peuplée, mais verdoyante. Ou dans le massif du Luberon, qui, malgré ses allures de Far West, recèle une grande variété d'écosystèmes. Mais c'est en observant votre désert local, et en analysant ce qui le sépare d'un désert polaire ou subtropical, que votre enfant construira le concept de « désert », sur une base concrète. Il pourra convoquer dans son esprit ces images familières, liées à de bons souvenirs en famille, à chaque fois qu'il rencontrera un paysage similaire dans ses livres ou ses voyages.

Faire

Lorsque votre enfant est familiarisé avec quelques caractères géographiques, encouragez-le à les réinvestir dans ses jeux. Il joue dans un bac à sable ? Demandez-lui s'il se souvient des dunes littorales que vous aviez observées au bord de la Manche lors de vos dernières vacances : pourrait-il modeler des dunes semblables dans le sable, pour servir de décor à ses Playmobil® ? Comment rendre ces dunes les plus réalistes possible, et qu'est-ce qui les distingue des dunes des déserts ?

Variez les situations et les matériaux – les possibilités sont quasiment infinies. Ainsi vous pouvez proposer de dessiner des paysages (montagnes, plateaux...) dans une flaque de boue à l'aide d'un bâton, dans un plateau rempli de sable ou sur un tableau noir. Vous pouvez sculpter des formes littorales (détroit, isthme, péninsule, golfe...) dans du sable humide, du sable cinétique, de la pâte à modeler ou de la pâte à sel. Vous pouvez construire diverses structures urbaines (lotissement, mégalopole, station touristique...) ou agricoles (bocage, openfield...) en cubes, en Lego®... ou avec les coussins du salon !

Ces réinvestissements doivent rester ludiques : le mieux est de jouer ensuite (avec des figurines, ou en se déguisant...) dans les décors réalisés. Tendez l'oreille à ce que dit votre enfant en jouant : son discours vous apprendra bien des choses sur l'état de son savoir !

Conseil

Écumez les Emmaüs et les bourses aux livres : vous y trouverez quantité de vieux manuels de géographie, niveau collège, qui vous permettront de reprendre les bases... et seront, pour vous et votre famille, une formidable réserve de photographies et d'analyses !

Jeux de globe

La simple manipulation d'un globe terrestre engendre un vrai plaisir et encourage l'enfant à en apprendre davantage sur notre monde, les pays qui le composent et leurs situations. Si vous n'avez pas de globe et songez à en acquérir un, pensez aux globes gonflables en plastique souple. Ils sont peu onéreux, se rangent facilement une fois dégonflés et sont particulièrement ludiques : la preuve ci-dessous !

matériel

Globe terrestre précis mentionnant les noms des pays et de quelques villes. Chronomètre.

1. Présentez le globe terrestre à votre enfant en lui expliquant qu'il s'agit d'une représentation de notre planète. Insistez sur le fait que les frontières des pays et leurs couleurs, ainsi que les méridiens et les parallèles, sont des repères imaginaires, utilisés par les hommes, mais qui ne correspondent à rien dans la nature. Laissez votre enfant explorer librement la mappemonde, et n'hésitez pas à vous en servir, dans votre vie quotidienne, pour localiser avec lui des évènements historiques ou des manifestations d'actualité.

2. Engagez-le à mener plus avant ses observations en lui lançant des défis : « Peux-tu nommer un pays asiatique dont le nom commence par la lettre Y ? Peux-tu localiser un tout petit pays européen ? Identifier les mers et les océans qui bordent la Russie ? Et citer une chaîne de montagnes dans chacun des continents ? » Très vite, votre enfant aura plaisir à inventer lui-même des questions de ce type et à vous mettre à l'épreuve à son tour.

3. Avec un globe gonflable, engagez une partie de ballon d'un nouveau genre : lancez le globe à votre enfant. Dès qu'il l'attrape, il doit scruter les indications qu'il comporte pour trouver un pays dont le nom commence par la lettre A.
Il l'annonce et lance la mappemonde au joueur suivant, qui doit trouver un pays commençant par la lettre B, et ainsi de suite, jusqu'à avoir déroulé tout l'alphabet. Si vous n'avez pas de globe gonflable, utilisez un globe classique : l'enfant le fait pivoter sur son axe, puis l'arrête en posant son index au hasard sur la surface. Il doit alors trouver un pays commençant par la lettre voulue, qui soit le plus proche possible de l'emplacement indiqué par son doigt.

4. Mettez votre enfant au défi de localiser un pays (ou une capitale) sur le globe en moins de 30 secondes. L'un des joueurs est « le maître du temps », responsable du chronomètre pendant la recherche. C'est ensuite à votre tour de chercher, mais les adultes, eux, ne disposent que de 15 secondes !

Variantes

– Lorsque le joueur a trouvé un nom de pays commençant par la lettre demandée, il doit préciser dans quel continent il se trouve (ou nommer sa capitale).
– Le jeu peut être restreint à un seul continent (en acceptant que toutes les lettres ne soient pas forcément représentées !). Ainsi, en Afrique, on trouvera Algérie, Botswana, Côte-d'Ivoire, Djibouti, etc.
– Pratiquez le même jeu avec les noms des villes, ou ceux des mers !
– Les jeunes enfants peuvent se joindre au jeu, à condition que vous adaptiez les règles : ils pourront se contenter de dire si leur doigt, lorsqu'ils touchent le globe, désigne la terre ou l'eau, par exemple.

Un globe en papier mâché

Créer son propre globe en papier mâché est une manière amusante et créative d'enseigner à votre enfant le nom des continents et leur position dans le monde. Ce projet développe aussi les habiletés technologiques puisqu'il s'agit de fabriquer un objet en volume. Il est extrêmement simple, mais prévoyez une bonne semaine pour le mener à bien. Le temps de séchage entre chaque étape est assez important !

matériel

Nappe. Ballon de baudruche en forme de sphère (en vente dans les magasins d'articles festifs). Papier journal, film alimentaire. Farine blanche, sucre. Bol, cuvette, essuie-main. Peinture acrylique bleue. Pinceaux. Crayon à papier. Ficelle. Colle blanche. Imprimante. Papier d'impression (coloré ou non). Marqueur noir (mine moyenne). Facultatif : crayons de couleur.

1. Fabriquez la colle spécial papier mâché avec votre enfant : dans une casserole, mélangez 50 g de farine blanche et 450 ml d'eau froide. Ajoutez-y 450 ml d'eau bouillante, et portez le mélange à ébullition. Retirez du feu et incorporez 50 g de sucre. Le mélange va épaissir en refroidissant.

2. Couvrez bien la surface de travail à l'aide d'une nappe, de papier journal ou d'une vieille serviette-éponge. Rassemblez le papier journal et la colle maison, et disposez une cuvette remplie d'eau et un torchon sec à portée de main pour pouvoir laver vos doigts lorsque vous en ressentirez le besoin. Gonflez le ballon de baudruche et posez-le sur un bol pour le stabiliser. Prenez soin, au préalable, de recouvrir l'intérieur du bol d'une feuille de film alimentaire, afin que le papier mâché n'adhère pas aux parois du récipient.

3. Montrez à votre enfant comment déchirer des bandes de papier journal de 2,5 cm de largeur environ, pour une longueur d'une douzaine de centimètres. Trempez vos doigts dans la colle, essuyez l'excès, puis appliquez la pâte sur les bandes de papier. Ôtez le surplus en les faisant glisser entre votre index et votre majeur tendus. Le trop-plein de colle retombe dans le bol qui contient votre colle et votre bande est prête à être appliquée sur le ballon. Ayez la main légère : les bandes trop imprégnées de colle se fragilisent et se déchirent.

Astuce

La colle maison se conserve trois jours au réfrigérateur, dans un récipient fermé.

60 min

€

dès 6 ans

4 Recouvrez ainsi toute la surface du ballon, en veillant à superposer et à entrecroiser les bandes. Appliquez deux couches et laissez sécher complètement le travail pendant 24 heures. Procédez ensuite à une troisième et quatrième couche de la même manière. Vous aurez peut-être besoin de ne travailler que sur un « hémisphère » de votre mappemonde à la fois, et d'attendre que le travail ait séché avant de la retourner. Prenez votre temps, la solidité de l'œuvre en dépend !

5 Lorsque le papier mâché est sec, crevez le ballon à l'intérieur de votre travail à l'aide d'une épingle : il se rétractera dans le globe et vous l'y laisserez. Invitez votre enfant à peindre sa mappemonde en bleu. Deux ou trois couches seront nécessaires, en laissant sécher une heure au moins entre chaque application. Laissez à nouveau sécher 24 heures avant d'ajouter les continents.

6 On trouve facilement des continents à imprimer sur Internet. Reproduisez-les sur du papier de couleur, une couleur par continent, au choix de votre enfant. Vous pouvez aussi les imprimer sur du papier blanc et demander à votre enfant de colorier chacun d'eux comme il le souhaite. Aidez-le à les découper et à les coller en les positionnant au mieux sur la sphère. Tout au long de cette étape, appliquez-vous à nommer les continents et à raconter toutes les anecdotes (souvenirs de voyage, coutumes, art...) qui vous viennent à l'esprit les concernant.

7 Matérialisez l'équateur et le premier méridien : tendez une ficelle autour de la circonférence du globe, et demandez à votre enfant de tracer un trait léger, au crayon à papier, le long de ce repère. Aidez-le ensuite à retracer ces lignes à l'aide d'un marqueur noir. Fabriquez des étiquettes (au traitement de texte ou à la main) et demandez à votre enfant de les découper et de les coller au bon endroit.

8 Encouragez votre enfant à ajouter tous les détails qu'il souhaite : rose des vents (collée ou dessinée), noms de pays ou de villes qui lui tiennent à cœur, petits dessins de poissons, de bateaux ou de monuments... Il peut marquer d'un X l'endroit où il habite !

Variantes

– Si vous n'avez pas d'imprimante, vous pouvez recycler un planisphère, ou en photocopier un.
– Il est également possible de décalquer les continents dans un atlas, avant de les reporter sur le globe. Aidez votre enfant dans cette étape délicate, puis invitez-le à colorier ses continents à l'aide de gros marqueur peinture (type Posca®).

Les explorateurs

La géographie, ce n'est pas une science abstraite que l'on mène penché sur des cartes, dans des livres. C'est avant tout une expérience concrète des milieux environnants. Généralement, les enfants adorent jouer aux explorateurs et découvrir de nouveaux lieux : en vous appuyant sur leur curiosité naturelle, il vous sera facile de les faire « entrer en géographie » et, du coup, de développer leur sens de l'observation, ainsi que leurs compétences langagières.

1 Lors de votre prochaine promenade, encouragez votre enfant à jouer aux explorateurs : *« Et si on jouait aux explorateurs en cherchant tout ce que l'on peut trouver dans ce parc ? »* Il s'agit de faire le point sur tout ce qu'on peut observer sur un site donné. Seule consigne : on ne prélève rien ! Tout doit rester en place autour de vous. On chasse avec ses yeux, on garde dans sa mémoire et on vient au rapport pour décrire ses découvertes... avec sa langue !

2 Délimitez avec clarté la zone à observer : *« On explore ce terrain, depuis ce grand sapin jusqu'au rocher qu'on voit là-bas. »* Choisissez si possible un endroit dégagé dans lequel chacun restera à portée de vue de tous les autres. Tout le monde s'éparpille et part à la recherche d'éléments notables.

3 Au bout de cinq minutes, lancez le signal de rassemblement. Amusez-vous : hululez comme une chouette ou hurlez comme un loup – n'oubliez pas que vous êtes des explorateurs, tout de même ! En entendant le cri de ralliement, tout le monde se regroupe, et s'assied pour faire part aux autres de ses observations.

4 Chacun décrit ce qu'il a recueilli : *« J'ai vu des rochers au fond de l'eau. J'ai remarqué que le courant faisait un dessin bizarre au moment où il passait au-dessus » – « Moi, j'ai vu de gros insectes noirs sur une pierre plate. J'ai jeté un bâton au milieu d'eux, et les insectes se sont sauvés. »* Les adultes du groupe jouent le jeu, et font part, eux aussi, de leurs observations.

5 Invitez votre enfant à approfondir sa vision des choses si ses observations vous semblent trop superficielles : *« J'ai vu qu'il y avait de l'herbe, par terre. » – « Tiens, tiens, comment était cette herbe ? Peux-tu nous la décrire ? » – « Euh, c'était juste de l'herbe, quoi ! » – « Je crois que nous tenons là un indice de la plus haute importance... Peux-tu retourner à cet endroit, s'il te plaît ? Et observer cette herbe avec attention... Je voudrais savoir s'il s'agit de la même herbe que notre gazon, par exemple ? Est-ce une herbe que l'on connaît ? » – « Je suis retourné voir : c'est une herbe assez foncée, plus foncée que celle de notre jardin, je crois, et elle fait des graines en grappes par endroits ! »*

10 min € dès 6 ans

Prolongement

Improvisez de petites chasses aux trésors lors de vos promenades, qui permettront de mettre en évidence les caractéristiques du paysage autour de vous et d'affiner le regard de votre enfant. Par exemple, sur la plage : « Trouve deux poignées de sable de tailles et d'aspects différents », « Trouve cinq coquillages différents », « Trouve trois limbes d'algues différents », « Trouve cinq petits galets de tailles et d'aspects différents », etc.

Conseil

Ne vous inquiétez pas si ce genre de restitution est difficile pour votre enfant au début. Son discours se modélisera avec le temps, au fil des parties.

Du globe au planisphère

Un planisphère est une représentation plane du globe terrestre. Ce type de carte a un intérêt pratique évident, mais modéliser une sphère sous forme plane n'est pas sans poser de nombreux problèmes mathématiques. Aidez votre enfant à passer d'une représentation à l'autre grâce à l'activité ci-dessous. En abordant simplement la technique cartographique de la projection, elle développe l'esprit critique et la conscience géopolitique.

matériel

Quelques oranges. Globe terrestre. Plastique transparent (du type de celui qu'on utilise pour couvrir les livres, par exemple). Feutre. Planisphères variés.

1 Installez-vous avec votre enfant devant un panier d'oranges : « *Tu le sais, notre planète est une boule, qui flotte dans l'espace. Elle a un peu la forme de cette orange, regarde !* » Invitez votre enfant à manipuler un fruit, à sentir sa sphéricité sous ses doigts et à le faire tourner dans l'espace comme s'il s'agissait de la planète Terre.

2 « *Mais pour plus de facilité, les hommes ont décidé de représenter la surface de la planète à plat. C'est comme si on enlevait la peau de cette orange et qu'on la posait à plat sur la table. On essaie ?* » Aidez votre enfant à « déshabiller » un fruit en ôtant la peau en un seul morceau, puis essayez de la poser bien à plat. Plusieurs essais seront certainement nécessaires car c'est très difficile ! Vous devriez arriver à la conclusion que pour poser l'écorce ainsi sur la table, il est nécessaire de réaliser de larges entailles sur les bords. La forme obtenue est alors assez biscornue : nous sommes loin des planisphères rectangulaires ! Aidez votre enfant à formuler la conclusion suivante : passer de la sphère au plan plane est impossible, il va falloir tricher.

3 Proposez-lui de réaliser son propre planisphère en décalquant un globe terrestre. Pour ce faire, enveloppez le globe d'une feuille plastique transparente, et laissez votre enfant tracer le contour des continents en transparence. Bien sûr, des plis se forment sur le plastique, et le tracé est nécessairement déformé. Insistez sur le fait que représenter les terres et les mers à plat suppose nécessairement une distorsion. Les planisphères sont à prendre avec recul, ils ne représentent pas vraiment la réalité !

4 « *Quand une personne décide de faire un planisphère, elle doit déformer, et elle fait des choix : c'est ce qu'on appelle une projection* ». Faites une recherche Internet pour visualiser différents types de projections. Certaines sont peu familières, et ne manqueront pas de susciter

✂ 45 min | €€ | dès 6 ans

l'étonnement de votre enfant ! Comparez-les, et essayez de dégager ensemble les partis pris qu'elles sous-tendent :

- La projection de Mercator, réalisée au XVIe siècle, est la plus familière. Mais plus on s'approche des pôles, plus les terres s'étirent. À l'inverse, les pays proches de l'équateur apparaissent tassés. Comparez sur cette projection les aires du Groenland et de l'Afrique : elles semblent être de même taille. Qu'en est-il sur votre globe ? L'Afrique est quatorze fois plus grande que le Groenland en réalité !

- La projection de Peters prend le contre-pied de celle de Mercator et s'applique à respecter exactement les aires des continents et des océans. Mais la conséquence de ce « réalisme » saute aux yeux : les angles ne sont plus respectés, notre planète semble être passée sous un rouleau à pâtisserie !

- La projection de Fuller est la plus aboutie. D'ailleurs, sa forme doit rappeler celle de votre peau d'orange, si vous avez réussi à la déplier ! Seul bémol, on a ici quelques difficultés à se représenter le positionnement des océans et des continents les uns par rapport aux autres… C'est comme un puzzle qu'il faudrait faire dans sa tête !

Conseils

– Essayez toujours, lorsque vous proposez des planisphères à votre enfant, de varier les projections et les cadrages, de manière à enrichir sa vision des choses.
– Avec les plus grands, poussez plus loin la réflexion. Les hommes du XVIe siècle (et ceux d'aujourd'hui !) avaient-ils des raisons idéologiques de « minimiser » le continent africain ?

Prolongement

Représenter l'Europe au centre du planisphère est un choix… européen ! Cherchez avec votre enfant d'autres représentations sur Internet : planisphère centré sur le Japon et planisphère centré sur l'Amérique. En réalité, personne n'est au centre du monde !

focus

Jeux d'images

Toute image raconte une histoire. Les images invitent au voyage et permettent à l'enfant de mettre en correspondance ses connaissances et le monde réel. Néanmoins, lire une image s'apprend, et l'enfant a besoin d'être guidé pour mener à bien son interprétation. Par exemple, il est souvent difficile pour les plus jeunes d'avoir une vue globale : ils ont tendance à se focaliser sur les détails, et accèdent difficilement au message véhiculé par la photographie dans son ensemble. Voici quelques idées d'exploitations d'images qui permettront au petit géographe d'aiguiser son regard et son esprit critique !

- Collectionner les photographies du monde (cartes postales, illustrations de magazines...) permet indubitablement de développer une bonne culture générale géographique. Vous pouvez rendre ces collections plus personnelles en créant un répertoire d'images locales, sélectionnées sur Internet ou issues de vos propres albums photos, liées à votre expérience familiale : souvenirs de visites, promenades... Invitez votre enfant à choisir lui-même ces photographies, à les légender, et à les conserver dans une boîte à cet usage.

Les photographies aériennes et les promenades virtuelles de Google Earth permettent à votre enfant de porter un autre regard sur un lieu familier ou pas. Votre enfant saura-t-il reconnaître les espaces que vous lui montrerez ?

Conseil

Les documentaires vidéo permettent de rendre certains lieux « vivants ». Il serait dommage de s'en priver, mais sélectionnez-les avec soin, en fonction des goûts et de la sensibilité de votre enfant. N'hésitez pas à les visionner avec lui en plusieurs fois, afin de ménager des phases de digestion des informations, de questionnement sur les phénomènes rencontrés, voire de recherche d'explications.
Internet est un vaste répertoire d'informations visuelles, mais gardez toujours un œil critique sur les ressources qu'il vous offre !

• Lorsque vous montrez une image à caractère géographique à votre enfant (paysages, scènes de la vie quotidienne...), guidez sa lecture. Attirez son attention sur le premier plan, puis l'arrière-plan et décrivez-les ensemble rapidement. Quelle est l'intention du photographe qui capture cette image ? Que souhaite-t-il nous montrer, que veut-il dire ? Peut-on imaginer le hors-champ, ce qui se passe hors du cadre, qu'on ne voit pas mais qui existe au moment dans la scène vue ? Par exemple : que voient les hommes et les femmes représentés, de l'endroit où ils sont ?

focus

- Découpez une petite silhouette de personnage dans du papier – ce peut être une représentation de votre enfant lui-même, ou un personnage fictif qu'il affectionne particulièrement. Jouez ensemble à promener cette silhouette sur vos photographies. Encouragez votre enfant, à travers cette situation ludique, à verbaliser le ressenti de votre petit protagoniste : que voit-il, que peut-il ressentir ? Qu'est-ce que cela fait d'être ici ?

- Si la photographie observée met en scène des personnes, utilisez des bulles de bandes dessinées vierges autocollantes : votre enfant peut les placer de manière à faire parler les acteurs, et y transcrire les conversations qu'il imagine.

- Proposez à votre enfant de mettre en scène une photographie que vous avez observée ensemble, avec des figurines, des objets de récupération, des cubes, des éléments naturels... Ce genre d'exercice amène à observer finement : comment faire pour représenter une montagne, une route, un immeuble ou des personnes vivant dans des endroits lointains ? Photographiez la scène ainsi créée, et collez-la au dos de l'original. Il sera amusant de les comparer !

- Invitez votre enfant à imaginer à quoi ressemblera un paysage dans le futur. Utiliser du papier-calque peut aider l'enfant à prélever certains éléments dans une photographie tout en le laissant libre d'en modifier d'autres, et de transformer tout ce qui pourrait évoluer.

- Imprimez une dizaine de photographies de monuments connus de votre enfant (tour Eiffel, tour de Pise, Parthénon...) en format A5. Fabriquez un jeu de cinq caches rectangulaires en carton, de différentes tailles. Demandez à votre enfant de fermer les yeux, et placez le plus grand cache sur l'image, de manière à ce qu'il ne révèle qu'une petite portion de la photographie. Votre enfant parvient-il à deviner de quel lieu il s'agit ? Dans le cas contraire, il ferme les yeux à nouveau pendant que vous changez pour un cache, plus petit, qui dévoile un peu plus... Déplacez les rectangles de carton sur l'image de manière à occulter parfois des éléments que le cache précédent dévoilait, et ainsi faire travailler la mémoire visuelle : placez-les parfois en haut, en bas, à droite, à gauche... Combien d'essais seront-ils nécessaires à votre enfant pour trouver le monument représenté ?

Premières cartes

Une carte est un concept abstrait, une représentation plane, conventionnelle, d'une zone de notre planète. Passer de la dimension 3 (réalité) à la dimension 2 (plan) peut être difficile à appréhender pour un jeune enfant. Veillez à ce que les premières expositions aux plans et aux cartes soient dotées de sens pour votre enfant, en les liant au mieux avec la connaissance intime qu'il a de certains espaces.

PREMIERS PLANS

matériel

Un site de promenade favori, un bâton, un sol de terre.

Asseyez-vous près de votre enfant, en extérieur, lors d'un moment calme – au cours d'une promenade, par exemple.

Avec un bâton, amusez-vous à tracer des lignes devant vous dans la terre. Ce geste ne manquera pas d'interpeller votre enfant. Expliquez-lui que vous dessinez le plan d'un lieu qu'il affectionne – un parc qu'il connaît bien, par exemple, et peut-être même celui dans lequel vous êtes en ce moment.

Invitez-le à une visite virtuelle à travers les différents lieux emblématiques : parterres, étang, jeux pour enfants, enclos des animaux...

Astuces

– Si votre enfant possède un « tapis de route », un de ces tapis pour petites voitures qui représente le plan d'une ville, saisissez l'opportunité d'introduire le vocabulaire spatial : « en face de, à côté, au-dessus, dedans, à l'extérieur, à droite, derrière, loin de, etc. ». Jouez avec votre enfant, et utilisez ces mots pour décrire ce que la voiture que vous avez en main est en train de faire.

– Amusez-vous à localiser, sur un planisphère consacré, les endroits où se déroulent les histoires que vous lisez ensemble.

10 min

€

dès 6 ans

CARTE AU TRÉSOR

matériel

Feuille de papier blanc épais (type Canson®). Feutre noir. Marc de café frais (un peu humide). Règle graduée, équerre, compas.

Conviez votre enfant à une chasse au trésor : le jour où vous voudrez lui offrir une petite surprise, plutôt que de la lui donner directement, cachez-la chez vous.

À l'aide d'un gros feutre noir, dessinez le plan de votre jardin ou de la pièce où vous avez caché l'objet – voire un étage complet ou l'appartement tout entier, selon l'âge et les compétences de votre enfant. Travaillez au brouillon au préalable : restez simple dans la figuration, mais distillez les indices spatiaux en les légendant si besoin. Placez-y une croix pour marquer l'emplacement du trésor, mais aussi, de façon symbolique, tous les autres éléments signifiants pour votre enfant : arbres, meubles, cloisons, etc.

Tracez ou collez une rose des vents dans un angle, puis pliez ou froissez votre carte afin de lui conférer un air d'authenticité.

Amusez-vous à donner à votre plan l'allure d'une authentique carte de pirates : déchirez les bords de la feuille pour lui donner un air d'authenticité, et frottez la surface avec le marc de café pour la vieillir. Ne cherchez pas un rendu égal, cela n'en sera que plus réaliste.

Pour faire durer le plaisir, vous pouvez découper cette carte en six morceaux, que votre enfant devra découvrir en suivant une série d'indices... Ce n'est qu'après avoir trouvé tous les morceaux qu'il pourra reconstituer la carte et la déchiffrer !

EN PROMENADE

Votre enfant peut s'exercer à la lecture de cartes en situation concrète lorsque vous visitez des musées et des parcs à thèmes. Les plans distribués à l'accueil sont particulièrement attractifs, et représentent les principaux points d'intérêt du site de manière attrayante. Prenez le temps d'étudier ces cartes avec votre enfant : où souhaite-t-il aller en premier ? Quels sont les différents chemins possibles pour parvenir à ce but ? Choisissez-en un, puis pointez avec lui les différents repères rencontrés sur le chemin afin qu'il mette en relation son vécu dans l'espace et votre progression sur le papier.

De même, commentez vos promenades en ville, en employant le vocabulaire « nord, sud, est, ouest », et en localisant les endroits-repères que votre enfant connaît : « À partir d'ici, pour nous rendre à notre restaurant préféré, il faut tourner deux fois à droite, puis une fois à gauche. »

Laissez votre enfant choisir l'itinéraire lors de votre promenade (*« Souhaites-tu tourner à gauche ou à droite ? »*) et lancez-lui de petits défis : *« En partant d'ici, sauras-tu nous guider jusqu'à la fontaine de la place ? Jusqu'à la boulangerie ? »*

Conseil

Prenez soin d'utiliser les termes « droite » et « gauche » dès le plus jeune âge, même lorsque votre enfant ne sait pas encore distinguer l'une de l'autre.

Cartes aux trésors

Un planisphère n'a rien à envier à la plus passionnante des cartes aux trésors… Votre enfant en doute-t-il ? Proposez-lui des petites chasses aux indices géographiques ! Grâce à la fréquentation régulière (et ludique !) des cartes que ce type de jeu permet, votre enfant construit petit à petit ses compétences de cartographe : présenter, décrire et analyser ce type de document sera bientôt… un jeu d'enfant !

matériel

Cartes grand format, de bonne qualité. Atlas. Facultatif : une connexion Internet.

1 Choisissez l'échelle à laquelle vous souhaitez travailler : celle du monde, ou celle d'un continent, d'un pays ? Appuyez-vous sur les centres d'intérêt de votre enfant, ou sur ce qu'il est en train d'apprendre en classe. Accrochez une grande carte de la zone à explorer sur le mur de sa chambre. Complétez votre invitation avec quelques atlas (empruntés à votre bibliothèque de secteur) disposés de manière attractive à proximité, sur le dessus d'un meuble, par exemple.

2 Élaborez votre questionnaire. Dans un premier temps, vous pouvez photocopier les questionnaires de la page 86-87, qui proposent chacun une liste d'indices à rechercher sur une carte. Votre enfant peut écrire la réponse sous chaque question. Il vous sera facile, par la suite, d'élaborer vous-même des questionnaires de ce type, qui s'adaptent au mieux à l'âge de votre enfant et à ses centres d'intérêt.

Conseils

– Effectuer une recherche sur Internet pourra être nécessaire pour que votre enfant puisse répondre à certaines questions. Apprenez-lui cependant à n'utiliser le Web qu'en dernier recours, lorsqu'aucun des documents qu'il a sous la main ne lui permet de trouver le renseignement qu'il cherche.
La raison en est simple : Internet fournit les réponses trop rapidement pour que son cerveau ait le temps de traiter l'information et de la mémoriser… Car pour apprendre, il a besoin de chercher !
– Soyez toujours présent lorsque votre enfant effectue une recherche : d'abord pour le préserver de contenus douteux, ensuite pour éveiller son esprit critique. Enseignez-lui à croiser les sources d'informations afin de vérifier la fiabilité des faits qu'il récolte !

20 min

€€

dès 7 ans

3 Pour chaque indice trouvé, marquez la carte d'un repère : placez une petite gommette sur la zone concernée, entourez un nom à la craie…

UNE CHASSE AU TRÉSOR EN EUROPE

Cherche et trouve :
(Attention, parfois, plusieurs réponses sont acceptables !)

1. Le pays où les Alpes culminent.
2. Le pays où les Carpates culminent.
3. Un pays qui borde la mer du Nord.
4. Un pays qui borde la Manche.
5. Un pays d'Europe entièrement entouré de terres.
6. Une île.
7. Le pays dont la capitale est Berlin.
8. Un pays transcontinental (à cheval sur deux continents).
9. La terre d'Europe la plus proche de l'Afrique.
10. Un désert.
11. Une plaine.
12. Un pays entouré d'eau de tous côtés sauf un seul.
13. Trois pays dont le nom commence par la lettre P.

Là où je vis :

1. Comment s'appelle le pays où je vis ?
2. Quel est le nom de la capitale de mon pays ?
3. Quelle est la superficie de mon pays ?
4. Est-ce que j'habite au nord, au sud, à l'est ou à l'ouest de mon pays ?
5. Combien d'habitants y a-t-il dans mon pays ?
6. Je nomme un mont, un lac, un fleuve et une forêt de mon pays.
7. Quel est le parc national le plus proche de mon lieu de vie ?
8. Quels sont les mers et les océans qui bordent mon pays ?
9. Quel est le pays étranger le plus proche ?
10. J'observe le drapeau de mon pays. Je le décris ou je le dessine !

UNE CHASSE AU TRÉSOR DANS LE MONDE !

1. La mer d'Aral se partage entre deux pays. Lesquels ?
2. Trouve la capitale de : la Norvège ? L'Érythrée ? Le Bangladesh ? Le Canada ? Le Ghana ?
3. Quelles sont les couleurs du drapeau du Honduras ?
4. Quelle est la ville africaine la plus grande et la plus peuplée ?
5. À combien d'habitants s'élève la population du Brésil ? De l'Indonésie ? De l'Inde ? De la Chine ? Des États-Unis ? Classe ces pays du plus peuplé au moins peuplé.
6. Quelle est la plus grande île des Caraïbes ?
7. Trouve un archipel, nomme-le.
8. Quel pays a le plus de fuseaux horaires ?
9. Quels sont les pays frontaliers du Pakistan ?
10. Quelle est la latitude de la ville de Madrid, en Espagne ? Sa longitude ?

EUROPE

Les continents du monde

La géographie est une construction culturelle : l'histoire a fait que les hommes ont découpé les terres existantes en domaines : continents, pays, régions. Cet emboîtement est difficile à appréhender, et il en résulte souvent un amalgame dans l'esprit des enfants. Faites le test : « Cite-moi un continent. » Il y a de fortes chances pour qu'il vous soit répondu : « La Chine » ou « Paris » ! Pour cette raison, il vaut mieux aborder les notions par ordre, patiemment, en commençant par focaliser l'attention de l'enfant sur le nom et la situation des continents. Dans un second temps seulement, on « zoome » pour appréhender les pays qui les composent...

matériel

Un planisphère grand format. Craies de couleur, feutres. Papiers colorés, papier-calque, stylo, post-it®. Ciseaux. Punaises.

1 Montrez un planisphère à votre enfant et expliquez-lui que vous allez partir à « la chasse aux continents ». « Continent » signifie « ce qui tient ensemble » : ce sont d'immenses étendues de sol. Saura-t-il les trouver tous les sept en s'aidant des inscriptions de la carte ?

2 Au fur et à mesure que votre enfant identifie les continents, faites-lui repasser leur contour avec son index, puis à l'aide d'une craie colorée. Si possible, changez de couleur pour chaque continent, afin de les rendre nettement visibles. Proposez ensuite à votre enfant de décalquer chacun des continents mis en évidence. Aidez-le à reporter les silhouettes sur un papier d'une couleur différente. Par exemple : l'Afrique en rouge, l'Europe en jaune, etc. Découpez-les.

3 Mettez votre enfant au défi de reproduire le puzzle, en positionnant les continents les uns par rapport aux autres. Bien sûr, il peut s'aider du planisphère ou d'un atlas en cas de doute ! Invitez-le à étiquetez les terres (puis les océans !) à l'aide de post-it®.

4 Lorsque l'exercice ne pose plus problème, proposez ce petit réinvestissement ludique : connaissez-vous ce jeu qui consiste à épingler une queue sur un dessin d'âne, tout en ayant les yeux bandés ? En voici la version géographique : affichez un planisphère sur un mur de votre maison, et dessinez avec votre enfant une série de petits avions, qui seront coloriés et découpés. Demandez à votre enfant d'écrire chacun des noms des sept continents sur un morceau de papier. Ces billets sont pliés et placés dans un bol. Votre enfant en tire un au hasard, le lit, puis place un bandeau sur ses yeux. Faites-le tourner sur lui-même quelques secondes, positionnez-le

20 min | €€ | dès 6 ans

face au planisphère et demandez-lui d'aller punaiser un avion, sur le continent qu'il vient de piocher. Fous rires garantis !

❺ Lorsque la notion de continent est acquise, choisissez l'un d'entre eux (en commençant par celui dans lequel vous habitez !) et reprenez la séance… avec les pays ! Décalquez les pays pour créer un puzzle à étiqueter, puis jouez au jeu de l'âne !

Variante

Lorsque l'exercice est bien maîtrisé, demandez à votre enfant de construire le puzzle en plaçant l'Asie « au centre », puis les Amériques, histoire de se décentrer !

Astuce

Le nombre de continents a varié au cours de l'histoire. Aujourd'hui encore, tous les géographes ne sont pas d'accord : certains considèrent que l'Europe et l'Asie ne font qu'un (l'Eurasie), ou englobent les deux Amériques dans un seul continent. Nous considérons ici que les continents sont au nombre de sept : Asie, Afrique, Amérique du Nord, Amérique du Sud, Antarctique, Europe et Océanie. Libre à vous de faire varier ce nombre : adaptez alors la séance en fonction.

J'habite...

Sans conscience géographique, nous ne sommes nulle part ! La géographie est la science du lieu, et en particulier du lieu où nous nous trouvons : elle nous parle de notre place dans le monde. La connaissance du lieu est vitale pour l'enfant, car elle le situe, en tant qu'individu particulier, dans des contextes locaux, nationaux, continentaux et mondiaux, l'essentiel étant d'être en mesure de les relier spatialement les uns aux autres. C'est ce que propose, très simplement, l'activité suivante.

matériel

Un lot de sept ou huit boîtes gigognes, type boîtes alimentaires en plastique, avec couvercles. Atlas, photocopieuse ou imprimante. Ciseaux, colle, ruban adhésif. Facultatif : pochettes en plastique pour plastifieuse.

1 Demandez à votre enfant d'écrire son adresse. Montrez-lui comment procéder s'il ne l'a jamais fait : on inscrit son prénom suivi du nom de famille sur la première ligne, le numéro et le nom de la rue sur la deuxième, le code postal et le nom de la commune sur la troisième, et le pays sur la dernière. Expliquez-lui que cette présentation est requise par notre administration, et que ces informations suffisent à localiser précisément son lieu de vie, entre tous.

2 Cela fait, posez la question : « Est-il possible d'aller plus loin ? D'être plus précis ? » Aidez-le à élargir sa vision des choses : « Sais-tu dans quel département ou région se situe notre ville ? Dans quel pays se trouve notre région ? À quel continent appartient notre pays ? Sur quelle planète est notre continent ? »

3 Enrôlez votre enfant dans la confection de vos boîtes géographiques. Expliquez-lui que chacune de ces boîtes va symboliser un espace : la plus petite représente votre maison. Vous allez coller une photographie de votre habitation sur le devant de la boîte, et chercher ensemble quels petits objets pourraient y trouver place : un échantillon du nouveau papier peint du salon, un minuscule pot de terre de votre jardin...

4 La deuxième boîte symbolise votre rue. Montrez à votre enfant que cette boîte peut contenir la plus petite, de la même manière que votre rue englobe votre maison. Photographiez ensemble votre voie et collez, comme précédemment, cette photo sur le devant la boîte. Quelles images et quels objets allez-vous glisser à l'intérieur ? Quelques cailloux ramassés devant votre porte, une photographie de la plaque portant le nom de la rue... ?

5 La troisième boîte représente votre ville. Décorez-la d'un plan, et garnissez-la de photographies (de spécialités culinaires, de paysages urbains...), et de petits objets souvenirs. Procédez de même pour les boîtes suivantes : département et/ou région (brochures et aimants touristiques), pays (petit drapeau, reproductions d'œuvres

60 min · €€ · dès 6 ans

Conseil

Veillez à apprendre à votre enfant, dès ses cinq ans, à se présenter de façon intégrale : son prénom, son nom de famille, son adresse postale complète et son numéro de téléphone. Cela contribue à construire son sentiment d'identité… et lui sera très utile s'il se perd un jour !

d'art…), continent (souvenirs de voyage, cartes postales…), planète (mini-taille-crayon mappemonde, petits planisphères…). Bien sûr, le contenu d'une boîte n'est jamais figé, et évoluera au fur et à mesure des découvertes de votre enfant.

6 Après fabrication, laissez votre enfant manipuler ces boîtes, et interagissez avec lui autour d'elles : c'est en vous entendant énoncer les noms des sites, et raconter ce qu'ils « contiennent » qu'il s'imprégnera du vocabulaire. Montrez-lui comment placer les boîtes les unes dans les autres, et comment les empiler de la plus grande à la plus petite.

7 Lorsque votre enfant est familiarisé avec ce matériel, videz solennellement toutes les boîtes, et mettez-le au défi de les garnir à nouveau. Attention, plusieurs rangements sont souvent possibles, il vous faudra les accepter si votre enfant est en mesure d'argumenter !

Variante

Sur le même principe, on peut confectionner un simple livret, en agrafant sept feuilles de papier et en les taillant de manière à obtenir un « escalier » de feuillets. Proposez à votre enfant de coller des images se rapportant à chaque section.

focus

Musique et géographie

La musique a le pouvoir de faire naître en nous un large panel d'émotions et d'images. En cela, elle est une alliée privilégiée pour vos jeux de géographie puisqu'elle peut transporter votre enfant dans un autre lieu, voire le guider tout au long d'un itinéraire imaginé. Elle peut aussi lui permettre d'approfondir sa vision des autres cultures. Vous trouverez ci-dessous diverses pistes pédagogiques pour intégrer la musique à vos explorations spatiales !

1. Pour lier musique et géographie, l'idéal est de partir des goûts de votre enfant : il liste quelques-uns de ses musiciens ou de ses morceaux favoris, et vous menez ensemble l'enquête pour savoir d'où ils viennent… Si chacun des membres de votre famille se prête à ce petit jeu, vous obtiendrez rapidement un riche panel d'origines géographiques. Vous pouvez imprimer un planisphère et noter d'un repère tous les lieux d'où proviennent vos morceaux favoris.

2. La démarche inverse est également possible : si vous évoquez une région où votre enfant n'est jamais allé, la musique peut être un bon moyen de rendre son évocation vivante. Pensez aux musiques de nos régions (bretonne, auvergnate, morvandelle…), aux musiques d'Europe (celtique, scandinave, balkanique…), du monde (de la samba à la polyrythmie traditionnelle d'Afrique…). Profitez de ces écoutes pour enrichir la « palette émotionnelle » de votre enfant : verbalisez vos ressentis personnels et encouragez-le à faire de même. Si c'est difficile pour lui, créez une « banque de vocabulaire », sous forme de listes d'adjectifs émotionnels, dans laquelle il pourra puiser.

focus

❸ Sélectionnez des chansons françaises décrivant un voyage ou une région particulière (*Les Corons* de Pierre Bachelet, *Le Sud* de Nino Ferrer, etc.). Cherchez avec votre enfant des photos pouvant illustrer chaque paragraphe et recopiez les paroles en regard de chaque illustration, à la manière d'un album. N'oubliez pas de situer les lieux rencontrés sur une carte !

❹ Élaborez un quiz musical et mettez votre famille au défi lors d'une soirée spéciale : pourra-t-elle identifier l'origine d'une cinquantaine de morceaux de « musique du monde » ? Saura-t-elle nommer et situer sur une carte les lieux d'origine ?

❺ Apprenez et chantez en famille des chansons du monde ou en langues régionales. C'est l'activité idéale pour enrichir votre culture familiale, vous imprégner de différentes langues et de différents rythmes... et meubler vos longs trajets en voiture ! Pensez en particulier aux hymnes nationaux, qui peuvent être intéressants à collectionner. Essayer de comprendre l'idéologie véhiculée par chacun est un très bon exercice de décentrage culturel. D'où vient le choix des instruments et que symbolisent-ils ?

❻ Lancez un défi à votre enfant : peut-il faire le tour du monde en 80 chansons, c'est-à-dire trouver 80 chansons, qui, mises bout à bout, lui permettront de passer par tous les continents, à travers un itinéraire plausible ?

❼ Faites écouter à votre enfant une sélection de chansons et de morceaux se référant à des évènements géographiques – météorologiques, par exemple. Échangez autour des ambiances reproduites et proposez à votre enfant de composer sa propre musique pour représenter le temps qu'il fait, une tempête, une rivière, une montagne, une ville, un champ, un littoral, etc.

❽ Pourquoi ne pas créer en famille votre propre chanson sur votre ville ? Quels sont les sons qui la représentent le mieux ? Est-il possible de les enregistrer ? Sélectionnez quelques endroits stratégiques de votre commune (école, bibliothèque, piscine, etc.) et demandez à votre enfant de leur associer un morceau qui illustre l'ambiance du lieu, éventuellement mixé avec les enregistrements effectués in situ. Il est également possible d'imaginer des paysages sonores d'endroits inconnus : quels types de sons récolterait-on au cœur de New York ? Ou en Antarctique, sur les bords de l'océan Austral ? À quoi ressemblent les bruits de la forêt amazonienne ? Quelles images pourrait-on éventuellement lier à ces sons ?

La course du soleil

En géographie, l'orientation matérialise la direction de l'orient, soit l'emplacement où le soleil se lève à l'équinoxe. C'est un concept primordial : pour aller quelque part, il faut savoir déterminer la direction à prendre ! L'activité suivante initie l'enfant au concept d'orientation : en observant la position du soleil, il apprend à repérer les points cardinaux et, plus largement, à se situer dans l'espace.

matériel

Papier, crayon. Appareil photo.

APPRENDRE À S'ORIENTER

1 Sortez le matin avec votre enfant pour regarder le ciel et observer, si possible, le lever du soleil. Aidez-le à prendre ses repères : « *Le soleil se lève à l'est. Chez nous, le soleil se lève exactement derrière le cerisier du voisin. Nous savons donc que l'est est dans la direction de ce cerisier.* » Renouvelez l'observation à midi (le soleil est alors au-dessus de vos têtes) et en fin d'après-midi : « *Où se trouve le soleil à présent ?* » Expliquez à votre enfant que le soleil se couche à l'ouest, et aidez-le, à nouveau, à prendre un repère dans son environnement familier.

2 Le lendemain, invitez votre enfant à matérialiser ces orientations avec son corps : il étire son bras droit en direction de l'est, en s'aidant du repère choisi (le cerisier du voisin). Bien droit, étiré vers le ciel, il tend ensuite le bras gauche à l'horizontale, qui pointe donc vers l'ouest. Faites-lui remarquer que sa main gauche montre l'emplacement où le soleil se couche. Expliquez-lui qu'il se tient face au nord, et que le sud est dans son dos.

3 Emmenez votre enfant devant la porte d'entrée de votre maison ou de votre immeuble. Quelle est l'orientation du bâtiment ? Sur une feuille de papier, tracez dans un angle une rose des vents : une simple croix, marquée des mots « nord », « sud », « est », et « ouest » aux extrémités des segments. Proposez à votre enfant de réaliser ensemble un croquis de votre habitation sur cette feuille, qui respecterait l'orientation. Aidez-le à se situer, si besoin, en lui rappelant les repères qui marquent l'est et l'ouest, et en lui demandant de refaire « la boussole » avec son corps s'il en éprouve la nécessité.

4 Après avoir déterminé l'orientation de la façade, tracez-la. Invitez votre enfant à faire le tour de votre maison : « *Et si nous allions voir le mur orienté au nord ? Lequel est-ce ? Qu'y voit-on : des portes, des fenêtres ? Est-il bordé d'arbres ou d'arbustes, de routes ?* » Laissez votre enfant compléter son schéma selon vos observations, puis faites de même pour les autres murs.

20 min | € | dès 7 ans

LE SOLEIL ET LE CYCLE DES SAISONS

1. Votre enfant l'aura peut-être compris au cours de l'activité : la position du soleil n'est hélas pas un moyen très précis pour s'orienter, puisque selon la période de l'année, le trajet du soleil est modifié dans le ciel. Pour l'illustrer, choisissez un site proche de votre domicile, d'où vous pouvez admirer un lever de soleil aisément. Notez l'emplacement exact où le soleil se lève un jour donné, en prenant une photo par exemple.

2. Une fois par mois, pendant un an si possible, retournez sur le site au moment du lever du soleil. Choisissez des jours où le ciel est dégagé, et observez finement l'emplacement de l'évènement. Prenez des repères afin d'être sûr de photographier le soleil depuis le même point de vue.

3. Au bout de quelques mois, alignez les clichés sur une table et discutez-en en famille : vous constaterez certainement que durant les beaux jours, votre lever de soleil se décale vers le nord, et l'hiver, vers le sud.

La sécurité d'abord !

Soyez très prudent lorsque vous regardez en direction du soleil et apprenez à votre enfant à ne jamais regarder le soleil lui-même. Pour utiliser le soleil comme boussole, le mieux est de tendre le bras dans sa direction, puis de descendre la main jusqu'au point d'horizon juste en dessous. On obtient alors une direction (l'est le matin, par exemple).

Topographie

Une carte topographique montre les caractéristiques d'un paysage, en particulier les irrégularités du sol comme les montagnes, les plateaux, et les vallées. Ce sont des cartes complexes, dont il n'est pas toujours évident de déchiffrer les codes ! Créer un relief en trois dimensions permet à votre enfant de comprendre, de façon concrète et artistique, la manière dont une carte plane rend compte des volumes.

matériel

Carte topographique IGN de votre région. Imprimante, scanner. Carton ondulé, papier-calque. Crayon à papier. Ciseaux. Peinture acrylique (vert, brun, blanc), pinceaux. Bouchons de liège. Colle forte.

1 Observez une carte topographique IGN de votre région avec votre enfant. Repère-t-il des lieux familiers ? Vagabondez ensemble dans cette carte à la recherche des lieux connus de votre famille : monuments, rivières et lacs... Nommez-les, repérez les chemins et les rues que vous empruntez régulièrement. Demandez ensuite à votre enfant s'il connaît des reliefs dans votre région : y a-t-il une montagne, une colline ou un plateau sur lequel vous aimez vous promener ? Essayez de les identifier sur la carte.

2 Attirez maintenant son attention sur les lignes tracées en orange : elles représentent un changement d'altitude. Suivez-en quelques-unes avec votre doigt : sont-elles ondulées, circulaires ? Ces lignes dessinent une série de formes concentriques, qui semblent emboîtées les unes dans les autres. Expliquez qu'il faut se les représenter empilées : chaque forme plus petite est placée au-dessus de la plus grande. Ainsi, plus une montagne est haute, plus elle est représentée par un nombre important de « couches ».

3 Proposez un petit bricolage pour rendre cette représentation plus concrète : commencez par scanner votre carte IGN et sélectionnez une formation dont la forme vous paraît particulièrement intéressante. Essayez d'en choisir une que votre enfant connaît sur le terrain ! Agrandissez ce motif et imprimez-le sur un format A4.

4 Expliquez à votre enfant que vous allez transformer cette représentation plane en représentation en trois dimensions, afin de rendre compte de l'élévation du massif choisi. Invitez votre enfant à décalquer chacune des formes concentriques sur des feuilles de papier-calque séparées, et faites-les lui reporter sur du carton ondulé. Découpez ensuite les formes obtenues. On peut déjà se faire une représentation en trois dimensions en empilant les morceaux de carton les uns sur les autres, du plus grand au plus petit !

60 min | €€ | dès 9 ans

5 Peaufinez votre maquette : proposez à votre enfant de peindre les formes à la peinture acrylique. Fabriquez votre palette en confectionnant plusieurs nuances de verts et de bruns (ajoutez plus ou moins de blanc à la couleur initiale pour obtenir diverses teintes). Encouragez votre enfant à ne pas peindre les morceaux de carton de manière uniforme, mais d'y tracer des taches et des zébrures de différentes nuances. Le résultat n'en sera que plus réaliste ! Laissez sécher une face avant de peindre l'autre, puis laisser l'ensemble à l'air libre pendant 24 heures sans y toucher.

6 Le lendemain, montez votre maquette. Découpez un bouchon de liège en trois ou quatre rondelles. Intercalez ces disques entre chaque forme en carton, en les collant. Votre relief s'élève maintenant, il est plus vrai que nature ! Il sera parfait pour servir de décor aux figurines de votre enfant, lors de ses jeux !

Prolongement

Fabriquez de la même manière plusieurs formations, de formes et de tailles variées, que vous collerez ensuite sur un grand rectangle de carton ondulé, de manière à créer un paysage. Invitez votre enfant à peindre des champs et des rivières sur le « sol ».

Le carnet qui voyage

Tenir un carnet de voyage, c'est s'ouvrir au monde et aux autres. Décrire son environnement est un bon exercice, qui développe le sens de l'observation, permet de réinvestir ses savoirs, et engage l'enfant dans un véritable travail d'auteur, de reporteur et d'illustrateur. Pensez à emporter un joli carnet avec vous si vous partez quelque part en famille ! Et si vous êtes d'irréductibles sédentaires, rien n'est perdu : votre carnet fera son voyage… tout seul !

matériel

Un petit cahier de 45 pages environ, stylo, ciseaux, colle, photocopieuse. Facultatif : une bibliothèque de secteur, une connexion Internet.

1. Le principe est simple : invitez votre enfant à écrire un texte sur sa ville dans un joli cahier, qu'il enverra ensuite à un ami qui habite dans une autre région de France (ou dans un autre pays). Cet ami rédigera, à son tour, une page ou deux sur son lieu de vie, et enverra le carnet à une de ses connaissances. Six ou sept mois plus tard, le cahier devra être retourné à son lieu d'origine… chez vous !

2. Commencez par aider votre enfant à structurer ce dont il souhaite parler : écrire sur son environnement n'est pas facile, tout ce qui nous entoure semble tellement aller de soi ! N'hésitez pas à le guider s'il manque d'inspiration. Il faudra peut-être commencer par se présenter, puis décrire rapidement son logement : est-ce une maison, un appartement ? Parler de sa commune peut se faire par le biais de la description de ses endroits favoris, des loisirs que votre enfant y pratique. Connaissez-vous des faits marquants concernant les lieux que vous aimez ? Quels animaux peut-on y voir ? Quels sont les lieux où vous aimez manger ?

3. Répondre à ces questions nécessitera une recherche, peut-être, dans votre bibliothèque de secteur : feuilletez des guides, des atlas, des journaux locaux… Aidez votre enfant à chercher des informations amusantes ou insolites, et montrez-lui comment prendre des notes. Complétez si besoin votre enquête par une recherche Internet.

4. Aidez votre enfant à rédiger une page ou deux dans le cahier, selon ses possibilités. Reprenez le texte ensemble : l'exercice ne doit pas tourner à la dictée, n'hésitez pas à aider votre enfant à orthographier les mots qu'il ne connaît pas, et acceptez le fait qu'il reste peut-être quelques erreurs ou quelques maladresses dans le texte final. Collez quelques photos pour illustrer son texte : photo de votre région, photo de son passe-temps favori…

5 Photocopiez le mode d'emploi ci-dessous, complétez-le et agrafez-le à l'intérieur de la couverture de votre cahier.

Un grand bonjour de [Nom de votre ville/région/pays]
Voici notre journal qui voyage et nous aimerions que vous
participiez à le faire circuler !
Lorsque vous recevez ce cahier, merci de :
- nous envoyer un mail pour que nous puissions suivre le voyage de notre cahier sur notre carte dédiée... Promis, nous vous enverrons une jolie carte postale en échange !
- remplir quelques pages de ce cahier au sujet de l'endroit où vous vivez ! N'hésitez pas à inclure des photographies !
- envoyer le journal à un ami ou à un parent qui vit dans une autre région de France ou un autre pays !
Ce journal doit être retourné à l'adresse ci-dessous au plus tard le [date].
Merci de tout cœur !
Signé :
La famille **
Adresse : **
Mail : **

6 Envoyez votre journal à un ami ou à une relation qui vit loin de chez vous. Il n'y a plus qu'à attendre ! Au fur et à mesure que vous recevrez les mails des différents participants, pointez avec votre enfant le lieu sur une carte afin de suivre le trajet de votre petit carnet. Au bout de quelques mois, le cahier vous sera retourné, et vous n'aurez qu'à l'ouvrir pour qu'il vous dévoile les détails de son voyage... Savourez ce trésor inestimable ! Et collez la carte du trajet effectué en dernière page.

Mini-volcans

Les volcans évoquent aux enfants des explosions de lave en fusion et exercent souvent sur eux une forte fascination. Les petites expériences suivantes permettent d'illustrer le phénomène d'éruption volcanique, qu'il soit sous-marin (c'est le cas de la majorité des éruptions sur notre planète !) ou terrestre. Elles sont sans danger, mais nécessitent néanmoins la supervision et les explications d'un adulte.

ÉRUPTION SOUS-MARINE

matériel

Un morceau de cire, un bécher transparent, du sable fin.

1. Demandez à votre enfant de vous décrire une éruption volcanique. Pense-t-il à des roches chauffées à blanc, projetées à des hauteurs vertigineuses, des coulées de magma liquide et des panaches de fumées ? La plupart du temps, ce n'est pas comme cela que les choses se passent… Recherchez sur Internet une carte des principaux volcans du monde et observez-la avec votre enfant : que constatez-vous ? Les volcans sous-marins sont mille fois plus nombreux que les 1 500 volcans terrestres actifs… Ce qui signifie que la plupart du temps, lorsqu'une éruption volcanique a lieu, elle se passe… sous l'eau !

2. Proposez à votre enfant de récréer une éruption sous-marine à petite échelle… dans votre cuisine ! Réunissez les matériaux nécessaires, et demandez à votre enfant de centrer un morceau de cire (une bougie chauffe-plat, par exemple) dans le fond d'un bécher transparent. Invitez-le ensuite à ensevelir délicatement la cire sous du sable fin, puis de l'eau – tout doucement, et en s'arrêtant avant le bord du bécher. Chauffez le récipient à feu doux, et demandez à votre enfant d'observer attentivement !

3 Une fois la réaction terminée, aidez votre enfant à verbaliser ses observations : au fur et à mesure que la cire chauffe, elle fond et s'échappe à travers le sable. Aidez-le à faire le parallèle avec les volcans sous-marins : le noyau de la Terre contient du magma liquide et chaud, ici représenté par la cire. La cire chaude se liquéfie, se répand, et provoque une éruption miniature à la surface du sable. Elle rencontre alors l'eau froide qui la fait durcir très rapidement.

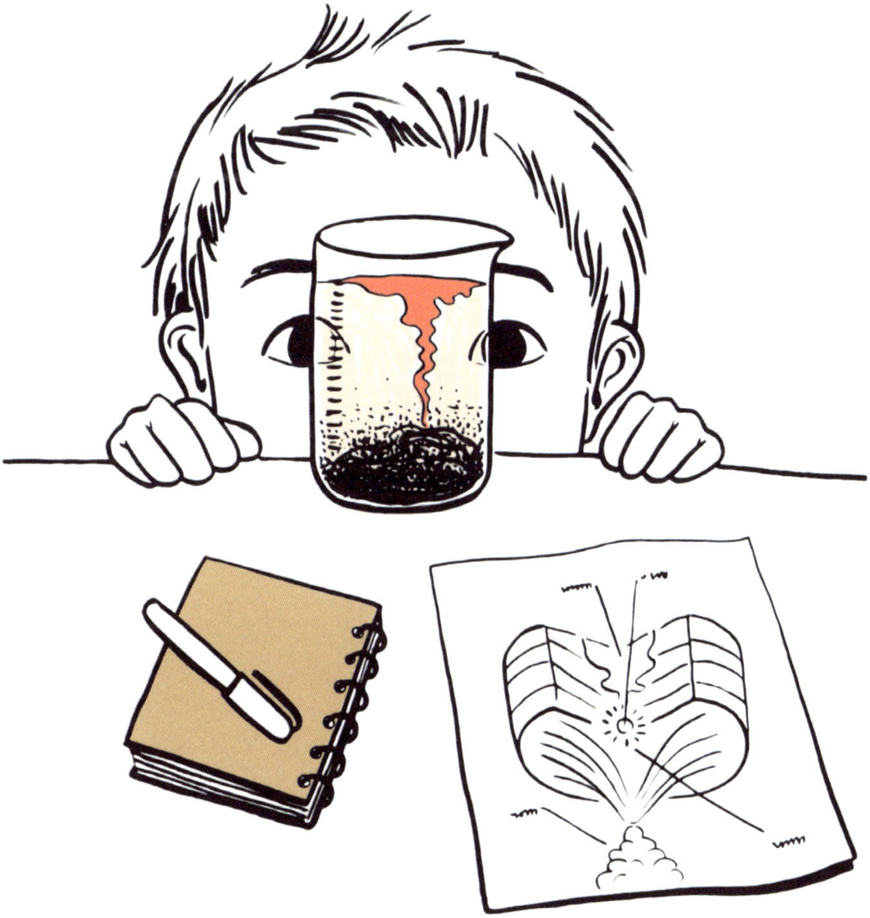

ÉRUPTION TERRESTRE

matériel

Petite bouteille en plastique de récupération. Un plateau ou un bac en plastique, vinaigre blanc. Entonnoir, pichet. Argile ou boue. Colorants alimentaires, liquide vaisselle, bicarbonate de soude.

1 L'expérience ci-après n'illustre que très partiellement le phénomène d'éruption. Elle est néanmoins spectaculaire et sans danger, et très appréciée des enfants de tout âge. Fabriquez une maquette de volcan en enfermant une petite bouteille en plastique dans un cône d'argile ou de boue dense. Procédez sur un grand plateau, ou dans un bac en plastique, en veillant à laisser l'embouchure de la bouteille libre.

2 Aidez votre enfant à verser délicatement dans la bouteille, à l'aide d'un entonnoir, de l'eau bien chaude additionnée de colorant alimentaire (6 gouttes rouges, 4 gouttes jaunes et 2 gouttes bleues). Versez-y ensuite un trait de liquide vaisselle, qui emprisonnera les bulles de gaz et rendra votre « éruption » plus spectaculaire. Ajoutez enfin 2 cuillères de bicarbonate de soude.

3 Demandez à votre enfant de verser ensuite du vinaigre blanc dans son volcan : c'est l'éruption !

Le saviez-vous ?

La « lave » observée est le résultat d'une réaction entre le bicarbonate de soude et le vinaigre, qui produit du dioxyde de carbone. Il y a également une forte libération de ce gaz lors d'une éruption volcanique ! Lorsque le dioxyde de carbone est produit, la pression s'accumule à l'intérieur de la bouteille en plastique, et votre mélange jaillit de la bouteille.

focus

Jeux de cartes

L'un des objectifs de l'étude de la géographie est d'acquérir des compétences cartographiques : savoir interpréter le titre d'une carte, lire une rose des vents, localiser des phénomènes et calculer des distances, permet, à terme, d'appréhender les concepts des sciences sociales – comme le climat, ou la culture – dans un contexte précis. Voici diverses pistes à explorer avec votre enfant pour jouer avec les cartes et se familiariser avec leur langage.

Jouer avec les atlas

Pour apprendre à se servir d'un atlas, rien de tel que de petits défis : concoctez une série de questions sur une ville, une région ou un pays, en adaptant la difficulté à l'âge et aux compétences de votre enfant. Par exemple : *« Quel est le pays qui est bordé au nord par la mer Baltique et dans lequel se trouve le port de Gdansk ? Cherche vite ce drôle de nom dans l'index pour le découvrir ! »* Distillez les indices (numéros de pages, entrées dans l'index...) afin de permettre à votre enfant de se familiariser avec le maniement de l'atlas.

Pour plus d'attrait, liez les questions les unes aux autres de façon à simuler un petit voyage. Par exemple : *« Comment s'appelle le pays qui a la forme d'une botte ? Trouve-le dans l'atlas ; nous allons le traverser. Nous commençons par franchir une chaîne de montagnes, tout au nord du pays. Comment s'appelle-t-elle ? Cite quatre grandes villes dans lesquelles nous pourrions faire escale dans ce pays, du nord au sud. Nous voici prêts à nous embarquer pour la Sicile : quelle distance devra parcourir notre bateau ? »*

Jouer avec les drapeaux

Les emblèmes colorés des drapeaux servent à symboliser et identifier les pays. Attirez l'attention de votre enfant sur les motifs, comparez-les, repérez les similitudes et les différences. La plupart des drapeaux du monde sont très faciles à reproduire : amusez-vous à les dessiner avec votre enfant, puis à les colorier ! Enfin, il est aisé de fabriquer un petit loto des drapeaux, en imprimant vous-même vos planches que vous plastifierez éventuellement : c'est encore en jouant qu'on les mémorise le mieux !

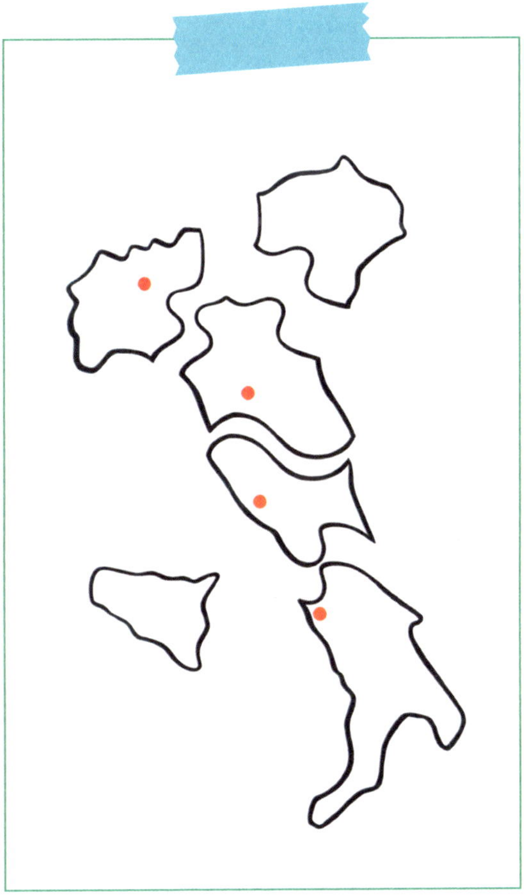

focus

Jouer avec les cartes

- Carte-puzzle : photocopiez une carte issue d'un atlas ou d'un site Internet, plastifiez-la si possible et découpez-la en morceaux. Voici un puzzle à reconstituer ! Cette activité est particulièrement efficace pour consolider la connaissance des pays et peut facilement être personnalisée : adaptez le nombre de pièces et leurs formes aux compétences de votre enfant, et fournissez-lui un modèle (à l'échelle, ou en plus petit) si besoin.

- Carte-mémoire : mettez votre enfant au défi de dessiner une carte de mémoire. C'est un bon exercice de reconnaissance et de mémoire visuelle. Montrez-lui une carte simple, décrivez-la ensemble, et invitez-le à la regarder attentivement pendant une minute. Demandez-lui ensuite de dessiner ce dont il se souvient. Vous pouvez adapter cette activité en utilisant des cartes plus ou moins complexes et en variant le temps d'observation.

- Carte imaginaire : pourquoi ne pas proposer à votre enfant de dessiner une carte grand format, celle d'un pays merveilleux, couverte d'énigmes, d'indices, d'instructions et de symboles ? Procurez-lui une grande feuille à dessin format raisin et mettez-y tout ce qui le fait rêver : licornes enchantées, pirates romantiques... Soyez flexible et allez là où l'enthousiasme de votre enfant vous mène !

- Coloriages : proposez à votre enfant des cartes vierges à colorier et à renseigner. Pour chacune d'elle, fournissez une liste de lieux à localiser. Par exemple, pour une carte de l'Europe, listez les pays que votre enfant devra retrouver.

- Cahier à cartes : réservez un grand cahier ou un porte-vues aux cartes de votre enfant : il pourra y retrouver ses cartes coloriées, mais aussi celles qu'il aura choisi de découper dans des journaux, des magazines, qui auront été photocopiées dans ses atlas, ou fabriquées par lui-même (collages...). Ouvrez-le ensemble de temps en temps et feuilletez-le en le commentant.

Jouer avec les plans

• Plan à deux : le jeu s'opère en duo. Asseyez-vous face à votre enfant. Il vous décrit un parcours, par exemple le chemin pour aller de votre domicile à l'école. Pendant ce temps, vous dessinez le plan en suivant strictement ses indications. Puis inversez les rôles ! Voici un excellent exercice pour modéliser le vocabulaire spatial.

• Maquette : créez une maquette en trois dimensions en recyclant des emballages alimentaires en carton (boîte de céréales, de riz, de biscuits...). Collés sur une base en carton ondulé, ils figureront les bâtiments d'un parcours familier (celui de votre domicile à l'école, par exemple). Appuyez-vous sur un plan de votre localité pour plus de réalisme, et pour exercer votre enfant au va-et-vient entre la 2D et la 3D.
Ajoutez des détails en pâte à modeler, bouchons de liège ou de plastique, ficelle... Peignez l'ensemble ou décorez-le de collages variés.

Voyage virtuel

Si vos finances ou votre emploi du temps ne vous autorisent pas à voyager pour de vrai, invitez votre enfant à un véritable voyage… virtuel ! Voici une activité personnalisable, qui développe une connaissance intime des lieux du monde, tout en s'amusant. En confectionnant un carnet de voyage plus vrai que nature, votre enfant se fait géographe… N'hésitez pas à proposer ce projet régulièrement, tous les ans par exemple.

matériel

Guides touristiques. Carte routière ou plan de la région à visiter. Atlas. Photocopieuse et plastifieuse. Feutre effaçable. Carnet vierge, crayons, stylos et feutres, ciseaux, colle.

1. Laissez votre enfant choisir sa destination : tout est possible, vous n'avez pour une fois aucune restriction budgétaire ! Cela fait, localisez le lieu choisi dans un atlas et demandez à votre enfant d'énumérer les reliefs, les plans d'eau, les régions et les villes qu'il traversera lors du voyage.

2. Établissez ensemble un budget global : quelles sont les formalités pour accéder au pays ? Un passeport est-il nécessaire ? Faudra-t-il louer un véhicule sur place ? Des vaccins sont-ils nécessaires ? Quelle est la monnaie du pays choisi ? Faudra-t-il changer de l'argent pour le voyage ? Si oui, combien ? Où logerez-vous ? Comment voyagerez-vous ? Comparez les prix sur divers sites de compagnies aériennes ou ferroviaires.

3. À quel moment de l'année votre enfant aimerait-il partir ? Quel temps fait-il dans ce pays à cette période ? Y a-t-il d'éventuelles manifestations ou fêtes locales ? Souhaiterait-il y assister ? Quel impact cela aura-t-il sur votre budget ?

4. Quelle est la situation politique du pays ? Y a-t-il des zones à éviter ? Promenez-vous ensemble sur le site des Affaires étrangères de votre pays (en France : www.diplomatie.gouv.fr/) pour le découvrir.

5. Planifiez votre itinéraire : votre enfant souhaite-t-il passer tout son séjour dans la même ville ou voir un maximum de pays ? Quelles activités votre enfant souhaiterait-il découvrir une fois sur place ? Empruntez quelques guides touristiques dans votre bibliothèque de secteur, visitez les forums Internet ou les blogs de voyage pour localiser les attractions, les évènements et les sites remarquables. Investissez dans une carte routière ou un plan, que vous photocopierez et plastifierez : avec un feutre effaçable, votre enfant pourra tracer son itinéraire. Aidez-le à le rendre le plus réaliste possible, en prenant en compte les temps de trajet entre vos étapes et les possibilités de transport (à moins que vous n'ayez décidé de louer une voiture !).

6 Votre voyage est enfin planifié ! Eh bien, allez-y à présent... virtuellement, bien sûr ! L'objectif est de créer un petit carnet de voyage aussi réaliste que possible. Sur quel aspect votre enfant souhaite-t-il se concentrer ? Ce peut être la géographie physique : il explorera les montagnes, les lacs, les rivières, les côtes, les océans. Il évoquera la météo, et dessinera les plantes et les animaux rencontrés. Ce peut être aussi la géographie humaine : il détaillera alors les us et coutumes, décrira les personnes rencontrées (métiers, langues, vêtements...), les villes traversées (activités économiques, monuments...).

7 Promenez-vous sur Google Earth, et aidez votre enfant à faire des recherches d'images sur Internet, ou dans les guides de voyage, selon les aspects qu'il souhaite mettre en avant dans son carnet. Imprimez-les ou photocopiez-les ; votre enfant découpera celles qui lui plaisent et les annotera avec le nom des sites et ses impressions les concernant.

Astuce

Il est aujourd'hui possible de réaliser bien des visites virtuelles ! De nombreux musées célèbres, comme le Louvre, offrent des visites à 360° de leurs collections. Le site de la tour Eiffel invite à une vue panoramique de Paris. Google Art Project ouvre les portes de musées d'art du monde entier. Et la plupart des lieux touristiques sont équipés de webcams, auxquelles on peut se connecter via leur site !

Dans la même collection « Apprendre en s'amusant » :

› 6-10 ans

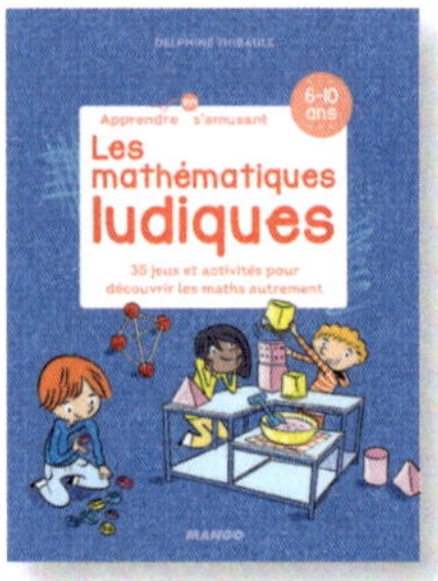

› Crèche et maternelle

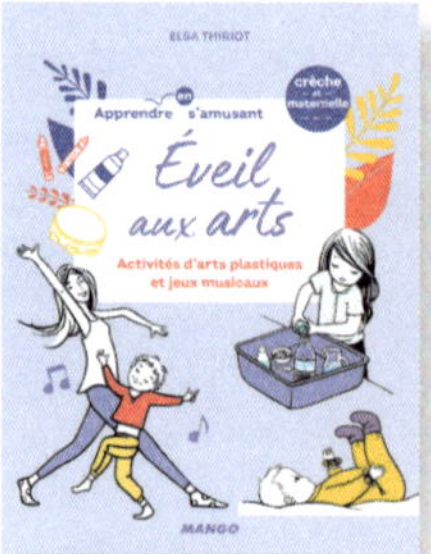

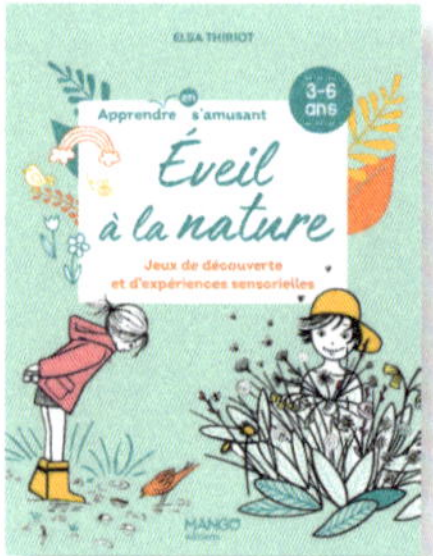

Retrouvez-nous sur Instagram : @mangoeditions
et sur facebook : @Mangofamillecomplice

Ce livre s'inscrit dans une démarche écoresponsable. Il est composé de matériaux issus de forêts bien gérées, certifiées FSC® et d'autres sources contrôlées. Cette certification garantit une empreinte carbone réduite et une gestion raisonnée de la forêt, qui maintient la biodiversité et protège les écosystèmes. Il est imprimé avec des encres à base d'huile végétale. Il a été imaginé et conçu en France, et imprimé en Europe.

MIXTE
Papier issu de sources responsables
FSC® C007507
www.fsc.org

Direction : Guillaume Pô
Direction éditoriale : Tatiana Delesalle
Édition : Julie Cot
Direction artistique : Chloé Eve
Mise en pages : Vincent Fraboulet
Illustrations : Oreli Gouel
Photographies : Istock
Direction de fabrication : Thierry Dubus
Suivi de fabrication : Marie Dubourd
1re édition - N° d'édition : M21011
ISBN : 978-2-3170-2693-5
Code MDS : MN26935

Achevé d'imprimer en décembre 2020
par Graphycems en Espagne

Dépôt légal : janvier 2021
www.mangoeditions.com